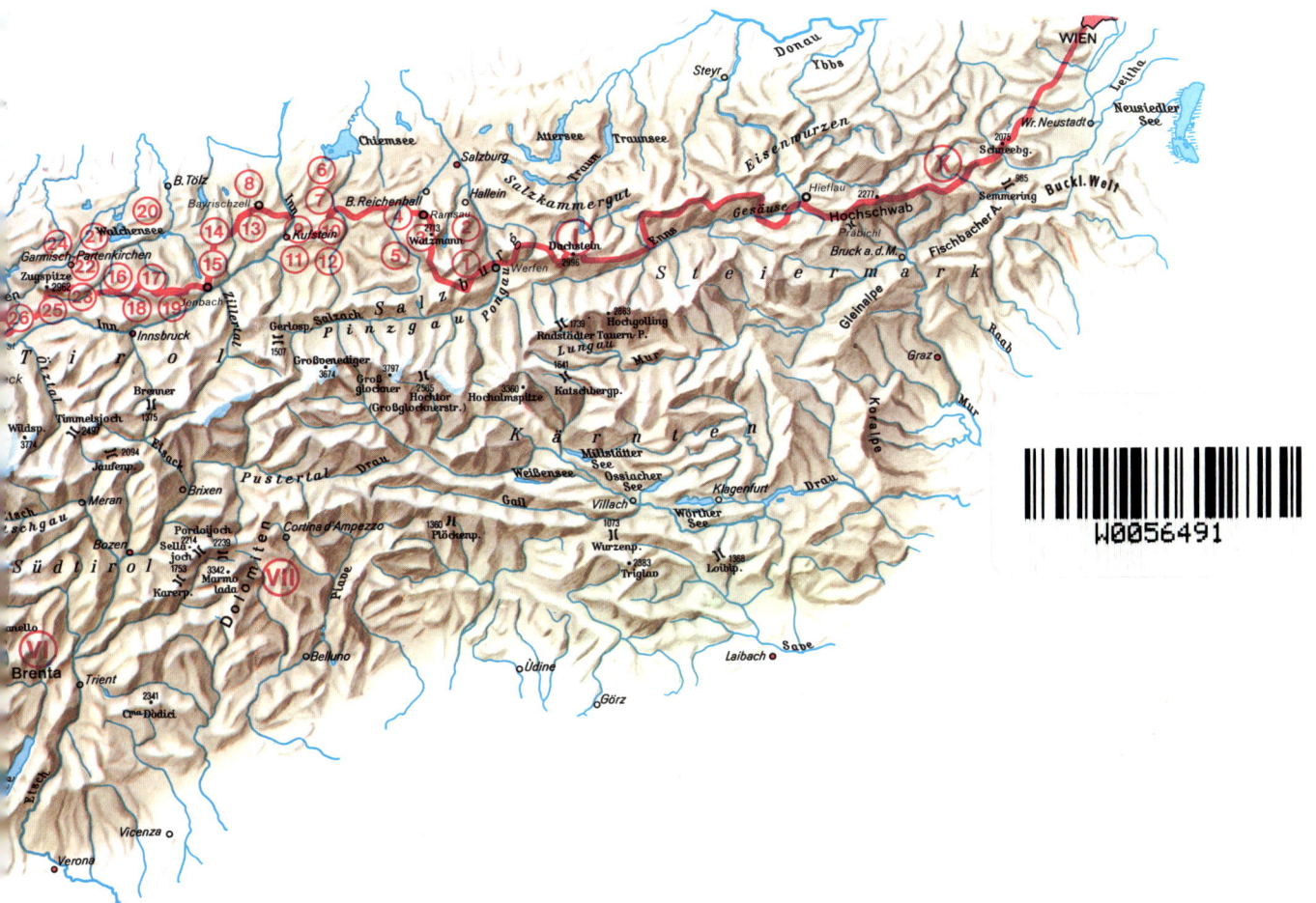

Wochenendtouren

① Über den Hochkönig	⑪ Steinerne Rinne	㉑ Estergebirge
② Göll und Hagengebirge	⑫ Ackerlspitze	㉒ Durchs Höllental
③ Rund um den Watzmann	⑬ Rotwand-Taubenstein	㉓ Felswildnis Oberreintal
④ Durchs Reitergebirge	⑭ Guffert	㉔ Aussichtsbalkon Kramer
⑤ Aufs Birnhorn	⑮ Unnütz	㉕ Mieminger Berge
⑥ Kampenwand	⑯ Auf Karlwendelhöhen	㉖ Inselberg Tschirgant
⑦ Geigelstein	⑰ Schlauchkar-Birkkar	㉗ Tannheimer Berge
⑧ Wendelstein	⑱ Karwendel-Gipfelweg	㉘ Bernhardsock-Runde
⑨ Über den Zahmen Kaiser	⑲ Lamsenspitze	㉙ Parzinn
⑩ Ellmauer Halt	⑳ Benediktenwand	㉚ In den Engadiner Dolomiten

Toni Hiebeler

Die schönsten Wanderrouten der Alpen

Orbis Verlag

Redaktion: Ulrich K. Dreikandt
Layout: Franz Wöllzenmüller

Sonderausgabe 1998 Orbis Verlag für Publizistik
GmbH, München
© Mosaik Verlag GmbH, München
Gesamtherstellung: Mladinska knjiga, Ljubljana
Printed in Slovenia · ISBN 3-572-00862-X

Inhalt

Bergwandern – was ist das?

Ein paar Worte vorweg

Das Wort »Bergwandern« findet sich weder im Duden noch in den großen Lexika, und es ist genaugenommen ein reichlich unzutreffender Begriff für das, was wir unter Bergwandern verstehen. Denn Wandern in den Bergen, ob in den Alpen oder im Himalaya, ist nichts anderes als Bergsteigen im eigentlichen Sinn – die erste Stufe des Alpinismus überhaupt. Bergwanderer sind also Bergsteiger, denn auch sie gelangen auf zahllose Gipfel, ohne technische Schwierigkeiten überwinden zu müssen. Ich lernte unter sogenannten Berg-»Wanderern« oft viel bessere und reifere Berg-»Steiger« kennen als in manchem Kreis beinharter Nordwandmänner, die sich voll und ganz dem Schwierigkeitsalpinismus verschrieben haben – um nach einigen Jahren, wenn die Leistungsgrenze erreicht ist, überhaupt nicht mehr ins Gebirge zu gehen. Bergwandern ist Bergsteigen und eine der schönsten Möglichkeiten des Alpinismus dazu.

Der vorliegende Band mit den »schönsten Wanderrouten« behandelt den Alpenraum vom Dachsteingebirge im Osten bis zum Rätikon im Westen, ohne die großen Gletschergebiete der Zentralalpen, für deren Durchquerung bereits ein hohes Maß von Erfahrung und Können notwendig sind.

Die **Schwierigkeiten** der beschriebenen Routen teilen sich in drei Hauptbereiche auf:

Familientour

Die Route führt mehr oder weniger über ungefährliches Gelände, so daß auch Ungeübte und begleitete Kinder (Jugendliche) keinen ernsthaften Gefahren ausgesetzt sind; der Kräfteaufwand hält sich in Grenzen.

Leichte Bergtour

Die Route führt gelegentlich über ausgesetztes Gelände, so daß bereits einige Trittsicherheit erforderlich ist, aber es treten noch keine Schwierigkeiten im Sinne der offizieller Schwierigkeitsbewertung (UIAA-Skala I bis VII) auf. Ein »leichte Bergtour« kann aber auch lang und anstrengend sein.

Schwierige Bergtour

Die Route führt vielfach über sogenanntes Absturzgelände: Ausgleiten führt ohne Sicherung zum Absturz; Trittsicherheit ist unbedingte Voraussetzung. Längere Routenabschnitte sind mit Sicherungsanlagen wie Drahtseile oder Eisenleitern versehen, also »Klettersteige«, auf denen zwischendurch auch richtiges Klettern in den Schwierigkeitsbereichen I bis II (»leicht« bis »mäßig schwierig«) erforderlich ist. Oft ist auch gutes Orientierungsvermögen notwendig.

Über **Ausrüstung** können wir uns eine langatmige Abhandlung sparen. Wichtig sind leichte Wanderschuhe – in Sportgeschäften wird vielfach immer noch ein zu schwerer, steifer Schuh empfohlen! –, warme Kleidung und Wetterschutz, zu dem auch entweder eine Rettungsdecke aus Silberfolie oder (besser) ein Biwaksack für zwei Personen gehört, besonders wenn man mit Kindern oder Jugendlichen in den Bergen unterwegs ist. In Begleitung von Kindern oder absoluten Neulingen sollte immer ein 15 oder 20 Meter langes Seil (9 mm ∅) mitgeführt werden, um auf gefährlichen Altschneeresten, die meist unterschätzt werden, und an ausgesetzten Stellen zu sichern. Auf Routen der dritten Schwierigkeitskategorie (»Schwierige Bergtour«) sollte jeder Begeher ein Klettersteig-Set (Brustgurt mit Sicherungsschlingen und je zwei Klettersteigkarabiner), wie es im Handel angeboten wird, dabeihaben und jede Gruppe bis zu höchstens vier Personen das erwähnte Seil. Und zu guter Letzt ein Wort zur – nicht unumstrittenen – Stockfrage: Immer mehr Bergwanderer haben erkannt, daß das Gehen mit zwei Stöcken vor allem bergab Gelenke und Bandscheiben entlastet und damit vorzeitigem Verschleiß vorbeugt. Darüber hinaus dienen die Stöcke als Stütze beim Abfahren über Schneehänge; Bäche, Moore und steilere Grashänge können sicherer durchquert werden. Ein wesentlicher Nachteil der Stöcke ist, daß bei dauerndem Gebrauch die Trittsicherheit ohne Stöcke leidet. Als Kompromiß hat es sich deshalb bewährt, Teleskopstöcke zu verwenden. Für den Aufstieg kommen sie zusammengeschoben in oder auf den Rucksack, genutzt werden sie nur für den Abstieg, weil dort die Belastung für Gelenke und Bandscheiben am größten ist. Natürlich eignen sich die Stöcke auch nicht für Klettersteige, doch führt der Abstieg gerade hier oft über schrofiges Steilgelände, bei dem die Stöcke dann wieder sehr hilfreich sind. Noch ein Wort zu **Trittsicherheit** und **Schwindelfreiheit**. Um Trittsicherheit zu üben, braucht man sich nicht unbedingt in ausgesetztes Felsgelände zu begeben: auf steinigen Bachufern, in Blockfeldern oder an ein bis zwei Meter hohen Felsblöcken entlang ungefährlicher Wanderwege bieten sich immer wieder Möglichkeiten zum Training für Trittsicherheit.

Schwindelgefühl ist fast immer ein Produkt der Unsicherheit, der Angst, es baut sich mit zunehmender Sicherheit von selbst ab.

Die **Routenbeschreibungen** sind so aufgebaut, daß man mit ihnen ohne zusätzliches Führerwerk gut zurechtkommt; die empfohlenen Führer sind also nur notwendig, wenn im behandelten Gebiet noch zusätzliche Gipfelbesteigungen unternommen werden sollen. Bei den aufgeführten Telefonanschlüssen handelt es sich in vielen Fällen um die Kontaktstationen der jeweiligen Hütte im Tal.

Die **Routenkarten** sind zwar sehr detailliert ausgearbeitet, können aber doch nur eine Übersicht vermitteln, auch wenn sie für die meisten Wochenendtouren ausreichen. Unvergleichlich besser – sicherer – ist es, wenn dazu noch die im Anhang aufgeführten Karten benützt werden. Um zum Beispiel bei Schlechtwetter besser improvisieren zu können. Auf manchen Tourenkarten sind Auf- und Abstiegsvarianten mit einer gestrichelten Linie gekennzeichnet. Die wenigen **Abkürzungen** sind leicht verständlich.

DAV = Deutscher Alpenverein
ÖAV = Österreichischer Alpenverein
ÖTK = Österreichischer Touristen-Klub
SAC = Schweizer Alpen-Club
CAI = Club Alpino Italiano

Bleibt mir abschließend nur noch dies zu wünschen übrig: daß Sie auf allen Wanderrouten ähnlich schöne Erlebnisse wie ich empfangen können.

Toni Hiebeler

7

Wochenendtouren: 1 Über den Hochkönig

Berchtesgadener Alpen/ Salzburg, Österreich

Der Hochkönig am Ostrand des Steinernen Meeres vermittelt ein urweltliches Land-schaftserlebnis – aber man muß es sich verdienen.

<u>Beste Zeit:</u> August – Mitte Oktober

<u>Charakter:</u> anstrengend, teilweise ausgesetzt

<u>Gehzeit:</u> 11–12 Stunden

<u>Nächtigung</u> im Matras-Haus

Rechts: Morgenstimmung über dem Hochkönig am Rande des Steinernen Meeres.

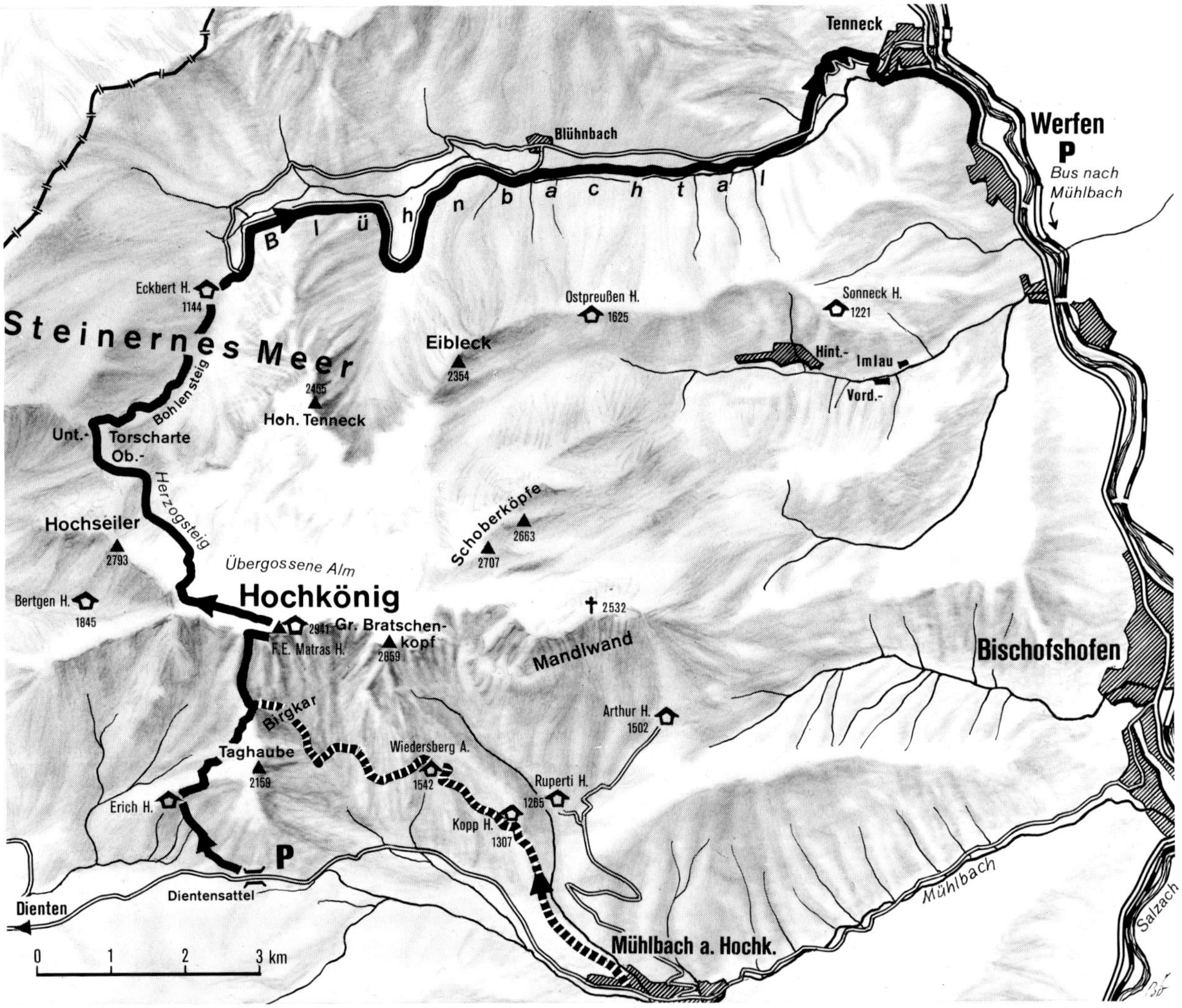

Über den Hochkönig

Das Ungewöhnliche dieser reichlich anstrengenden und teilweise ausgesetzten Wanderung liegt in ihrer Vielfalt: man lernt imposante Klettersteige kennen, wird vom fast beängstigenden Hochgebirgsödland des Steinernen Meeres mit seinem hartnäckigen Minigletscher der Übergossenen Alm beeindruckt, kann auf dem Gipfel eines exzellenten Aussichtsberges die oft hinreißenden Abend- und Morgenstimmungen erleben, ohne sich besonderen Wettergefahren auszusetzen, und spaziert dann, sozusagen in wohltuendem lieblichem Kontrast dazu, durchs wirklich romantische Blühnbachtal hinaus nach Werfen im Salzachtal.

Das Blühnbachtal war früher sicher nicht zufällig allein jagdfreudigen Fürsten und Königen vorbehalten – heute kann es jeder Wanderfreund genießen und erleben. Und wer einmal dem Hochkönig aufs Haupt gestiegen ist und auch noch das Glück hatte, da oben den Abend und den Morgen bei schönem Wetter zu erleben, der kommt sich wahrhaft königlich vor und vergißt für ein Weilchen all die unwichtigen Dinge, die ihn im Tal als Probleme bewegen. Neben diesen verlockenden Möglichkeiten hat der Hochkönig freilich auch weniger schöne Überraschungen im Hinterhalt – wenn er sich zum Beispiel, kaum daß man oben ist, in Nebel und Wolken hüllt und sich

Regen sehr oft und schnell in Schnee verwandelt. Dann muß man Zeit und Geduld haben. Und den Weg über die Hochfläche der Übergossenen Alm, die nicht zufällig ihren Namen hat, sollte man besser vergessen. Denn in diesem Ödland aus Karst, Steinen und Geröll wird die Orientierung bei schlechter Sicht sehr schnell zum ernsten, gefährlichen Problem, das schon manchem Bergsteiger zum Verhängnis wurde. Mit dem Hochkönig läßt sichs also nicht scherzen. Aber das weiß jeder, der sich in seinen Bannkreis begibt.

Das Steinerne Meer bildet mit dem Hochkönig den Südrand der Berchtesgadener Alpen, von denen es zugleich auch eine Untergruppe darstellt; es ist im Osten und Süden vom Flußlauf der Salzach begrenzt; das Hochkönigmassiv befindet sich ganz auf Salzburger Gebiet. Verkehrstechnisch ist dieser Bergraum gut erschlossen, so daß die Hochkönig-Überschreitung als Wochenendtour für süddeutsche Bergfreunde gut auszuführen ist. –

Für unterwegs

Wir beginnen die Tour in Mühlbach oder Dienten, genauer von der Straße zwischen den beiden Orten aus, westlich des Dientener Sattels (1357 m); Parkplatz, Wegweiser zur Erichhütte. Die Erichhütte ist gemütlich in einer Stunde zu erreichen. Hier gibt es noch

ziemlich viele Tagesausflügler. Gleich oberhalb von ihr, über Alpenrosenmatten aufsteigend in Richtung Birgkar, wird es bald ruhiger. Man erreicht ein Schartl und gelangt dahinter absteigend ins Birgkar, das unseren weiteren Aufstieg umrahmt. Das Gelände wird alpiner, wilder, eindrucksvoller. Platten und Schrofen, die unterm Kummetstein vorbeiführen, nehmen unsere ganze Aufmerksamkeit in Anspruch. Hier befindet sich weit in den Sommer hinein ein Schneefeld – der Grund, weshalb die Tour erst im Spätsommer unternommen werden sollte. Auf einem teils gesicherten Steig über Geröll zum Fensterl, dann entlang des Gletscherrandes aufwärts, östlich am Wächtengrat vorbei und zuletzt über die Gipfelfelsen zum Schutzhaus; 5 bis 6 Stunden.

Am nächsten Tag westlich hinab über den Gletscher der Übergossenen Alm und auf dem gesicherten Herzogsteig, vorbei an einer kleinen Höhle, hinauf in die Torscharte (2293 m, 1–1 1/2 Stunden). Nun auf dem ebenfalls gesicherten Bohlensteig steil und in Kehren hinab in den Talschluß des Blühnbachtales, genannt »Seichen«, und talauswärts, unterhalb der Eckberthütte vorbei, durchs waldreiche Bühnbachtal hinaus nach Tenneck bei Werfen; 4 bis 5 Stunden.

2 Göll und Hagengebirge

Berchtesgadener Alpen/Bayern

Die Nord-Süd-Überschreitung des Göll und des Hagengebirges ist eine Panoramawanderung, die jedoch viel Ausdauer verlangt.
<u>Beste Zeit:</u> Juli–Oktober
<u>Charakter:</u> Hochgebirgsgelände, teilweise ausgesetzt
<u>Gehzeit:</u> 11–12 Stunden
<u>Nächtigung</u> im Purtscheller-Haus

Das Hagengebirge ist ein typisches Plateaugebirge, eine Untergruppe der Berchtesgadener Alpen, in deren Südostecke es sich befindet; westlich vom Königssee, östlich vom Salzachtal, südlich vom Blühnbachtal, nördlich vom Göllstock begrenzt und zugleich Grenzkamm zwischen Bayern und Österreich (Salzburg). Verbindet man als Bergsteiger das Göllmassiv mit dem Hochplateau des Hagengebirges, dann bietet sich ein großartiger Höhenweg. Um diesen Gang der Freude und begeisternden Ausblicke zu erleben, muß man allerdings acht bis zehn Stunden gehen können. Aber wer das kann, erlebt eine wahre Gipfelhamstertour, denn

es wird ein halbes Dutzend Gipfel überschritten, jeder von ihnen ein brillanter Aussichtsbalkon. Dabei braucht man sich ab Purtschellerhaus nicht unbedingt auf die ganze Routenlänge festzulegen, sondern hat nach dem Hohen Göll, dem

ersten Gipfelhöhepunkt, mit der Abstiegsmöglichkeit vom Torrener Joch zur Bergstation der Jennerbahn oder hinab nach Königssee immer eine Art Hintertürchen offen, um die Tour wegen schlechten Wetters oder Müdigkeit abzubre-

chen, zu verkürzen. Und niemand verbietet es, die Tour in zwei Tagesabschnitte aufzuteilen und im Stahl-Haus am Torrener Joch zu nächtigen oder das ganze Unternehmen überhaupt im Rahmen zweier Wochenendausflüge zu genießen. Wie auch immer man diesen grandiosen Höhenweg hinter sich bringt, er vermittelt in jeder Stunde Vergnügen in einer packenden Landschaft, wie man sie in den Bayerischen Alpen kaum mehr findet. Denn die zweitausend Meter hohe Watzmann-Ostwand gehört immerhin zu den höchsten Bergabstürzen der gesamten Alpen. Und der tiefblaue Königssee an ihrem Fuß verleiht dem Gesamtbild eine fast unwirkliche Romantik, daß man immer wieder gezwungen wird, stehenzubleiben, um die Wahrheit dieser Landschaft zu begreifen. Man wandelt auf meist kahlen Felshöhen dahin, aber ein paar hundert Meter weiter unten liegt das Dunkelgrün der Wälder, dazwischen leuchtend grüne Almmatten. Und es ist einleuchtend, daß die Königssee-Landschaft seit 1921 Naturschutzgebiet ist und 1974 von der Bayerischen Staatsregierung zum »Alpen-Nationalpark Königssee« erklärt wurde.

Links: Der Hohe Göll. Rechts: Blick vom Jenner auf Königssee und Großer Hundstod, ganz rechts ein Teil der Watzmann-Ostwand.

Für unterwegs

Das Purtscheller-Haus (1692 m) ist ein leicht und schnell erreichbarer Stützpunkt: von Berchtesgaden (540 m) mit dem Linienbus zur Enzianhütte überm Obersalzberg und über den Eckersattel (1414 m) nur 1 1/2 Stunden. Der Salzburger Steig bringt uns anderntags über den grasdurchsetzten Eckerfirstrücken zum felsigen Göll-Nordostgrat und auf die Gratschulter (Kreuz). Nun südöstlich etwas hinab – der Weg ist bestens bezeichnet – an den Fuß des steilen Grataufschwungs, wo sich zwei Möglichkeiten anbieten (Tafel). Wir halten uns an die leichtere über die Ostseite, um auf ausgesetzten Bändern den »Kamin« zu erreichen. Der Kamin ist gesichert mit Eisenstiften, Drahtseilen und Eisenklammern; durch ihn kommen wir wieder auf den Grat, wo von

rechts unten der Schuster-Klettersteig mündet. Über den breiten Geröllrücken mühsam zum Gipfel, 2 1/2 Stunden. Nun folgt ein reichliches Auf und Ab mit einigen ausgesetzten, unschwierigen Kletterstellen, und wer sich schon bis zum Hohen Göll nicht sicher fühlte, sollte auf die Fortsetzung verzichten: Göllscharte, unterm Kleinen Archenkopf vorbei, über Großen Archenkopf, Bettriedel, Hohes Brett und hinab zum Stahl-Haus auf dem Torrener Joch (1733 m), 2 Stunden. Der nun folgende Schneibstein (2277 m) kostet zwei gemütliche Stunden und der Weiterweg ist ein herrlicher Höhenspaziergang: Windscharte, Seeleinsee, nordwestlich hinab zur Priesberg-Alm und Königsbach-Alm und nach Königssee; vom Schneibstein 2 1/2–3 Stunden.

3 Rund um den Watzmann

Berchtesgadener
Alpen/Bayern

Die Watzmann-Runde
ist ein Weg der Kon-
traste: lieblicher
Königssee, mächtiger
Watzmann, Ödland am
Steinernen Meer.
<u>Beste Zeit:</u> Ende Juli–
Oktober
<u>Charakter:</u> leicht,
abwechslungsreich
<u>Gehzeit:</u> 9–10 Stunden
<u>Nächtigung</u> im Kärlin-
gerhaus am Funtensee

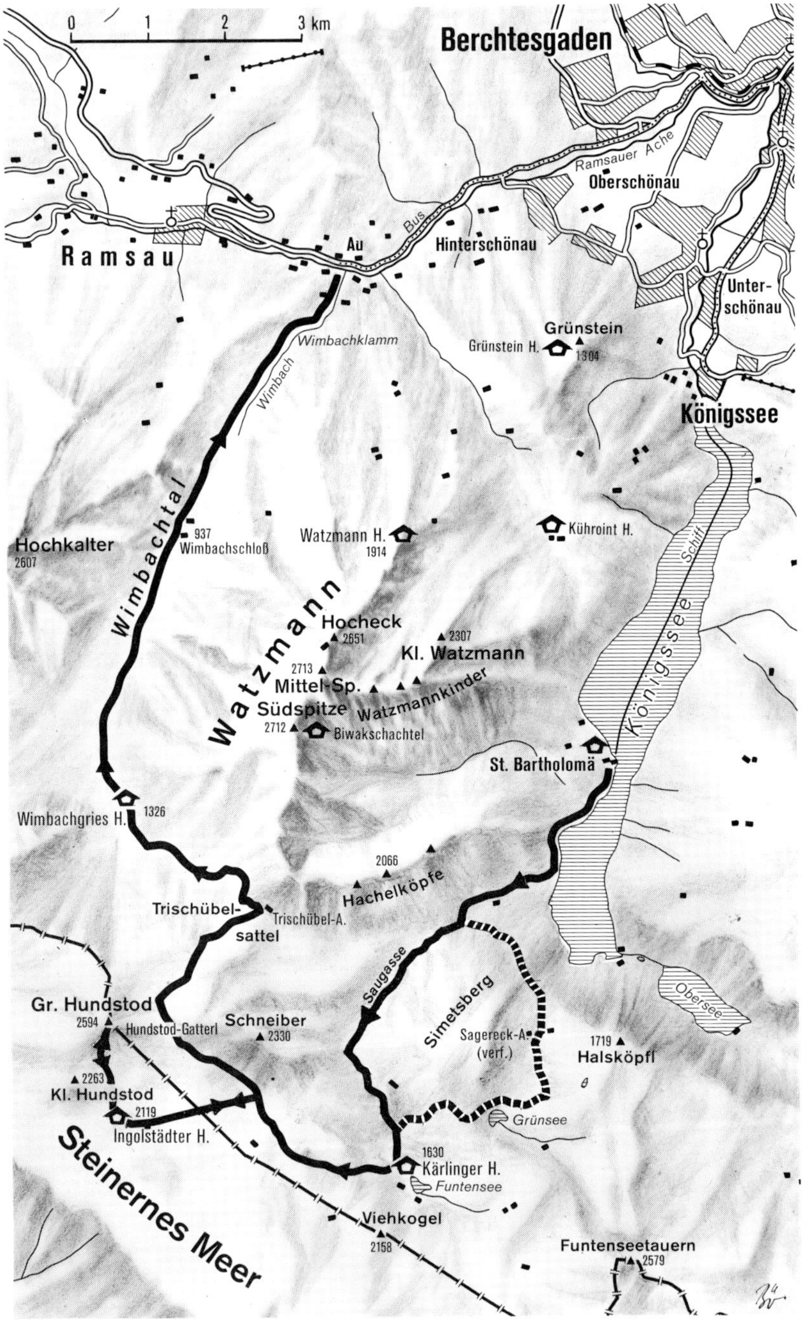

Neben dem Zugspitzmassiv ist
der Watzmann (2713 m) zweifellos Bayerns mächtigster
Berg – sogar ganz zu Bayern
gehörend. Diesen Berg zu umrunden, vermittelt ein ungewöhnliches Bergerlebnis, weil
der Weg gleichsam Kontrast-
Landschaften durchmißt, vom
bunten und turbulenten Treiben des Fremdverkehrs im Kö-
nigssee-Nahbereich bis hinauf
zum verkarsteten Ödland des
Steinernen Meeres, wo wir, auf
dem Hundstod thronend, ohne
hundstodmüde zu sein, ein
phantastisches Panorama bewundern können. Und dann
das wieder vollkommen anders
geartete Wimbachtal, von dem
aus wir den Watzmann kaum
mehr wiedererkennen. Und zu-

14

letzt landen wir, reichlich durstig geworden, bestimmt in einer der gemütlichen Ramsauer Wirtschaften, wo man dann mit sich und der Welt zufrieden ist. Die ganze Watzmann-Runde vollzieht sich im Gebiet des Alpen-Nationalpark Königssee, wo bestimmte Vorschriften zu beachten sind, aber die Auflagen sind für einen Berg- und Naturfreund ohnehin selbstverständlich.

Die Tour ist so leicht und ungefährlich, daß man sie auch mit Kind und Kegel ausführen kann, wenn der »Anhang« eine Tagesleistung von sechs Gehstunden problemlos schafft. Und nach jeweils drei Stunden erreichen wir eine Schutzhütte, so daß auch ein Wettersturz keine allzugroßen Gefahren bringt, weil der nächste Unterschlupf bald erreicht wird. Außerdem sind die Wege gut bezeichnet. Nur sollte man sich an die empfohlene »beste Zeit« halten, weil es im Frühsommer, wenn es auf dem Steinernen Meer noch sehr viel Altschneereste gibt, schnell Orientierungsprobleme geben kann – besonders bei plötzlichem Auftreten von Nebel.

Aber wenn diese simplen Voraussetzungen stimmen, dann wird die Tour zu einem wahren Wandervergnügen, zu einem Hochgebirgserlebnis, das unvergessen bleibt.

Für unterwegs

Ausgangsort für unsere Tour ist Königssee (595 m, Bus und Bahn von Berchtesgaden), wo wir uns zunächst dem Motorschiff anvertrauen, um St. Bartholomä (603 m), den eigentlichen Ausgangsort, zu erreichen. Man kann von Fremdenverkehrsattraktionen halten, was man will, aber eine Königsseefahrt wird immer zu einem Erlebnis – eine Art romantische Ouvertüre vor dem Weg in eine wilde Hochgebirgslandschaft, die wir schon vom Schiff aus weit hinten sehen. Und der Blick hinauf in die rund zweitausend Meter hohe Watzmann-Ostwand, die jeder fortgeschrittene Kletterer in seinem Tourenbuch vermerkt haben will, mag für manchen Schiffspassagier beklemmend wirken. In St. Bartholomä lassen wir die meisten Touristen hinter uns; an Wochentagen sind wir auf dem folgenden Weg sehr oft ganz allein unterwegs. Wir überqueren die Au, traversieren auf einem ausgesprengten Steig die Burgstallwand – immer noch in unmittelbarer Nähe des Sees –, wonach uns ein Serpentinenweg durch kühlen Wald zum Schrainbach-Wasserfall bringt; von hier ein hübscher Blick zum Obersee. Die nächsten Wegstationen sind die Schrainbach-Holzstube und

-Alm und Unterlahner-Alm, wo die Saugasse beginnt: eine gut dreißig Meter breite Felsschlucht, in deren Grund sich der Weg hinaufschlängelt. Darüber wird's wieder lieblicher, fast wie in einem angelegten Park, und bald sind wir bei der verfallenen Oberlahner-Alm (1384 m); Alpenrosensträucher, imposanter Blick zur Watzmann-Südspitze. Wenig später folgt die Kleine Saugasse, die nicht mehr so wild ist, und der Betstein, wo sich Durstige an einer Quelle erfrischen können. Dann sind es nur noch Minuten, bis wir die große Mulde mit dem Funtensee (1601 m) und Kärlingerhaus (1630 m) vor uns haben; 4 Stunden. Am nächsten Tag westlich zur Hirschwand, absteigend zur verfallenen Schönbichlalm und hinauf zum Ingolstädter Haus (2119 m), 3 Stunden. Auch auf den Großen Hundstod (2590 m) führt ein guter Weg, 1½ Stunden. Von ihm am besten wieder zurück zum Ingolstädter Haus und auf dem bekannten Weg hinab zur Abzweigung zum Hundstodgatterl (2194 m), hinab zur Trischübel-Alm (1764 m) und zum Trischübel-Gatterl (1667 m); Abstieg durchs Wimbachtal (Wimbachgrießhütte, 1324 m) nach Ramsau, 3 bis 4 Stunden vom Ingolstädter Haus.

Rund um den Watzmann

St. Bartholomä, beliebtes und daher oft überlaufenes Ausflugsziel am Königssee. Im Hintergrund die Watzmann-Ostwand.

Berchtesgadener Alpen/Bayern – Österreich (Salzburg)

Das Reitergebirge bildet eine bizarre Felsszenerie, die auf den ersten Blick wanderfeindlich erscheint, für Könner jedoch ein ideales Ziel ist.
<u>Beste Zeit:</u> Juli bis Oktober
<u>Charakter:</u> ausgesetzt, teils schwierige Orientierung
<u>Gehzeit:</u> 8 Stunden
<u>Nächtigung</u> in der Neuen Traunsteiner Hütte

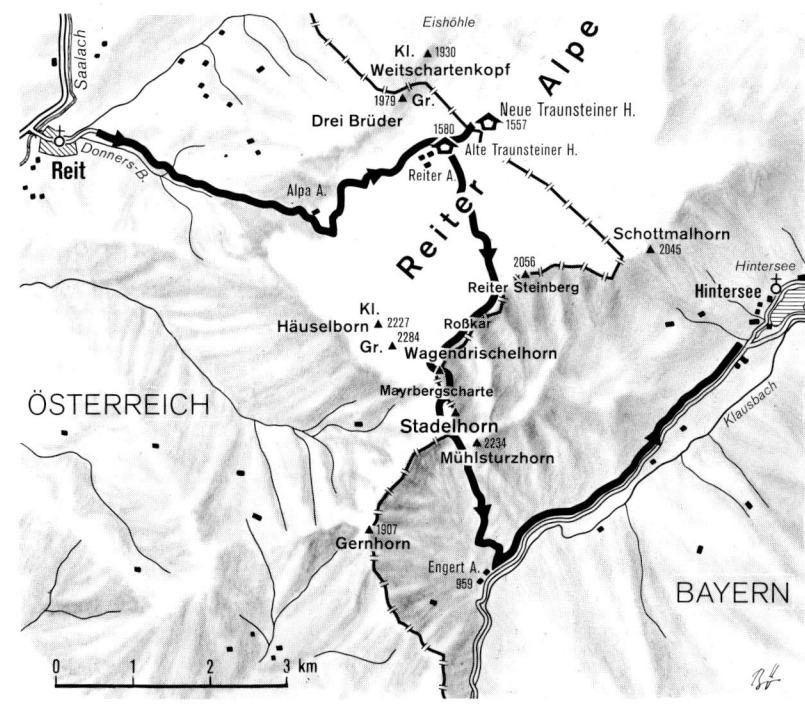

Das Reitergebirge – auch Reither Gebirge oder Reiter Alpe – ist kein Revier für berittene Bergfreunde, sondern ein steil aufragendes Kalkmassiv, das seinen Namen von dem Salzburger Dorf Reit an der Saalach entlehnte und die westliche Begrenzung der Berchtesgadener Alpen darstellt; über den Nord-Süd-Kamm verläuft die Staatsgrenze zwischen Bayern und Österreich. Östlich des Reitergebirges ist das Hintersee-Hochtal eingelagert. Höchste Erhebung ist das Stadelhorn (2287 m), unweit

nördlich davon das Wagendrischlhorn (2251 m), ein hervorragender Aussichtsberg, der den Höhepunkt unserer Wanderung bildet. Die Tour beginnt in Reit, führt zur Neuen Traunsteiner Hütte, am zweiten Tag über das Wagendrischlhorn zur Mayrbergscharte und hinab nach Hintersee. Sie bildet eine reizvolle und in einigen Abschnitten oft atemraubende Hochgebirgswanderung, auf der Schwindelgefühle und Trittunsicherheit pures Gift sind. Der geübte Bergsteiger jedoch wird sich im Reitergebirge schnell begeistern, denn es ist hier so ganz anders als sonst in den Berchtesgadenern: steiler Hochwald wechselt mit lieblichen Almmatten,

aus denen helle Kalkriffe, oft erschreckend abweisend, in den Himmel ragen; dann wieder verkarstete Hochplateaus auf der Nordseite, die mit glatten Wänden, Kanten und Pfeilern gegen Hintersee abbrechen: Mühlsturz- und Grundübelhörner haben in Kreisen guter Kletterer einen glanzvollen Namen, weil hier fast nur sehr schwierige Kletterrouten geboten sind. Da verschiedentlich steile Schrofenflanken und Rinnen gequert werden müssen, sollte die Tour nicht vor Mitte Juli unternommen werden, da Altschneereste heikle Situationen und echte Gefahren heraufbeschwören können. Und für den Abstieg von der Mayrbergscharte ins

17

Durchs Reitergebirge

Tal von Hintersee braucht man eine gute Nase – kurz, das Reitergebirge ist ein Ziel für Könner, weshalb auch hier nie Massenbetrieb zu befürchten ist.

Besonders reizvoll ist die Überschreitung des Reitergebirges im Herbst, wenn die Lärchen in den Hochwäldern und die Laubbäume im Hinterseegebiet goldgelb leuchten und der tiefblaue Hintersee das Tal schmückt. Dann ist im Reitergebirge die hohe Zeit des Bergwanderns.

Für unterwegs

Über den Aufstieg von Reit (577 m) an der Saalach über den Alpasteig zur Neuen Traunsteiner Hütte (1560 m) brauchen wir nicht viele Worte zu verlieren, denn die 3¹/₂ Stunden sind kurzweilig und vergehen wie im Fluge. Wer am Ende der Tour sein Fahrzeug schnellstens erreichen will, kann die Traunsteiner Hütte auch von Hintersee über die Eisbergscharte (1540 m, 4–5 Stunden) oder von Hintersee-Schwarzbachwacht über die Schwegelalm (3–4 Stunden) erreichen. Am zweiten Tag zuerst südwestlich zur Alten Traunsteiner Hütte und südlich auf dem gut bezeichneten Weg durch die Roßgasse hinauf ins Roßkar und zum Nordfuß des Wagendrischl-horns. Von hier rechtshaltend zur Nordwestseite des Berges über Karrengelände, um schließlich durch die leicht ansteigende Mulde den Gipfel des phantastischen Aussichtsberges zu erreichen, 2¹/₂ Stunden. Für den Weiterweg gibt es zwei Möglichkeiten: erfahrene Bergsteiger, die den Schwierigkeitsgrad II (mäßig schwierig) beherrschen, können südlich über die plattige Schrofenflanke direkt in die Mayrbergscharte absteigen (30 Minuten). Oder man steigt auf dem gleichen Weg wieder ab zum Wagendrischlhorn-Nordfuß. Dann, leicht absteigend, wird die Ostflanke des Wagendrischlhorns gequert, um die Mayrbergscharte (2053 m) ohne Schwierigkeit zu erreichen (45 Minuten vom Gipfel). Dann entlang des Stadelhorn-Westfuß, wonach der Loferer Steig links aufsteigend verlassen wird, um nach wenigen Minuten am Hochgscheid eine Tafel anzutreffen. Vom Gratrücken südöstlich hinab über Fels und auf dürftigem Steig (»Schafsteig«) weiter hinab durch Latschenzone, dann durch Wald zur Holzstube und Engert-Alm an der Hirschbichl-Straße, auf der wir Hintersee in einer knappen Stunde erreichen, 4¹/₂–5 Stunden von der Traunsteiner Hütte.

Links: Das Reitergebirge von Südwesten mit den Mühlsturz- und Grundübelhörnern (r.). Rechts: Der Hintersee.

5 Aufs Birnhorn

Leoganger Steinberge/
Salzburg, Österreich

Die Besteigung des
Birnhorns ist immer ein
ungewöhnliches Unter-
nehmen, eine echte
»Spitzentour« ohne
Rummel des großen
Tourismus.
<u>Beste Zeit:</u> Juli–Oktober
<u>Charakter:</u> leicht,
einsam
<u>Gehzeit:</u> 9 Stunden
<u>Nächtigung</u> in der
Passauer Hütte

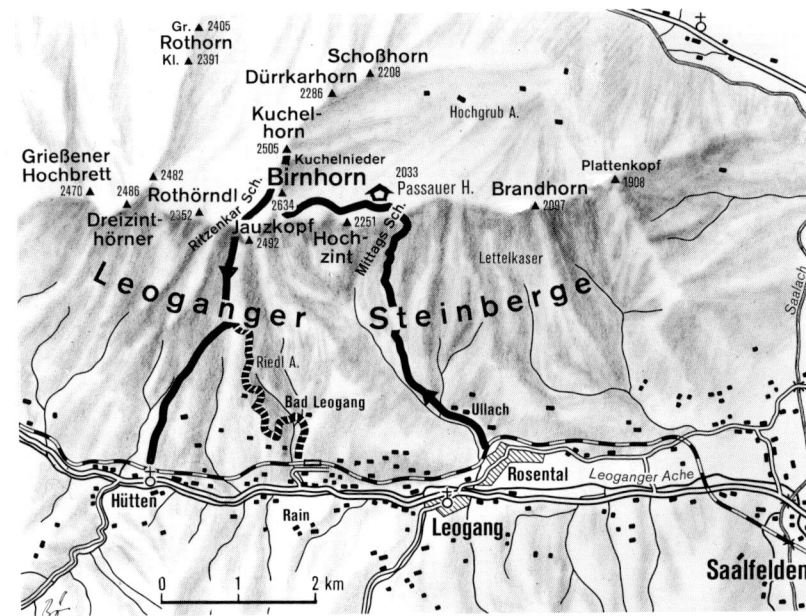

Im Rahmen der klassischen
Gruppen-Einteilung der Alpen
bilden die Leoganger mit den
Loferer Steinbergen eine
Gruppe der Nördlichen Kalkalpen mit folgender Umgren-
zung: Saalfelden – Saalachtal
– Lofer – Paß Strub – Waidring
– Erpfendorf – St. Johann i.T.
– Fieberbrunn – Hochfilzen –
Leogang – Saalfelden. Die
Gruppe wird jedoch durch den
tiefen und ausgeprägten
Hochkaser-Sattel (1569 m) in
zwei selbständige Gruppen
getrennt. Die aus Wetterstein-
und Dachsteinkalken aufge-
bauten Leoganger Steinberge
bilden ein gewaltiges, ge-
schlossen wirkendes Massiv,
das in den oberen Bereichen
Plateaubildungen aufweist, mit
dem Birnhorn (2634 m) als

Hauptgipfel. Die 1500 Meter
hohe Südwand des Birnhorns,
die das Landschaftsbild von
Leogang beherrscht, gehört zu
den höchsten Wandabstürzen
der Alpen und der Gipfel zu
den lohnendsten Aussichtspunkten überhaupt; nicht zufällig wurde er bereits 1831
von Peter Thurwieser und Sta-
chelsberger erstmals bestiegen. Auf den ersten Blick wirkt
das Birnhorn, von Leogang
aus, geradezu erschreckend
und seine Besteigung als
Schinderei ersten Ranges.
Aber ist man einmal unterwegs, dann löst sich alles in
Wohlgefallen auf, in eine ganz
»normale« Sache, denn der
Weg zur Passauer Hütte ist gut
angelegt, so daß die 1250 Höhenmeter kurzweilig und kräf-
tesparend überwunden werden
können.

Wenn die Passauer Hütte erreicht ist, dann hat man das
Birnhorn fast schon in der Ta-
sche. Allerdings ist der Abstieg
über Kuchelnieder und Ritzenkarscharte nach Leogang –
und das muß gesagt werden –
ein einzigartiger »Knie-
schnackler«, für untrainierte
Beine also eine wahre Tortur.
Aber wer ist schon so unver-
nünftig und geht einen Rie-
senberg wie das Birnhorn
ohne Kondition an – die Tour
würde zu einer quälenden
Plackerei ausarten. Auf dem
Gipfel befindet sich ein schö-
nes Kreuz, und der Gipfel-
Rundsicht sollte genügend Zeit
gewidmet werden: »Die Aussicht vom Gipfel auf den Tau-

*Rechts: Das Birnhorn in den
Leoganger Steinbergen von
Süden.*

Aufs Birnhorn

Oben: Das mächtige Massiv des Birnhorn von Süd-Osten.

ern-Hauptkamm ist kaum von irgendwo anders schöner«, schreibt Bergführer Toni Dürnberger im Alpenvereinsführer »Loferer und Leoganger Steinberge«, und das ist die Wahrheit.

Für unterwegs

Die Passauer Hütte (2051 m) steht auf einer Schulter oberhalb der Mittagsscharte wie ein Adlerhorst und ist von Leogang aus gut zu sehen. Von Leogang-Dorfmitte (797 m) zu-

nächst auf breitem Weg nordöstlich über die Leoganger Ache ins Rosental nach Ullach und zur Kaserstatt-Voralpe (ca. 1000 m), wo spätestens das Fahrzeug geparkt werden muß. Der Markierungsnummer 40 folgend, auf Saumweg zum Holzkaser und über Almmatten zur Hasenhöhe. Es folgen Wald-, Latschen- und Schrofenzonen, die in vielen Serpentinen überwunden werden, um schließlich nach 3 oder 3½ Stunden die Mittagsscharte und die hübsche, kleine Passauer Hütte zu erreichen; sie ist noch eine echte, zünftige Bergsteigerhütte mit großartiger Aussicht.

Am nächsten Tag zunächst 15 Minuten nordwestlich auf dem Steig in Richtung Kuchelnieder, wo wir links (südwestlich) zum Melkerloch abzweigen, um dann aus der Scharte zwischen Birnhorn und Melkerloch in den oberen Teil der gut gestuften Birnhorn-Südwand zu gelangen. Über sie auf Bändern und über kleine Stufen (»Hofersteig«), da und dort ein wenig kletternd, erreichen wir in 2½ Stunden den Gipfel mit seiner großartigen Panoramaschau. Wer nicht trittsicher und schwindelfrei ist und keinen erfahrenen Begleiter hat, wählt den Normalweg: Von der Hütte zur Kuchelnieder (2434 m, 1 Stunde) und auf bezeichnetem Weg über die Nordflanke in 30–40 Minuten zum Gipfel. Abstieg in die Kuchelnieder, westlich hinab ins Ebersbergkar und über Karstfelder, am Fuß der Birnhorn-Westwand entlang, südlich in die Ritzenkarscharte (2417 m), 1 Stunde vom Gipfel, wo man gleich die Wegspur südlich ins Geröllkar hinabziehen sieht. Rechtshaltend, den Schaleithorn-Wänden entlang, hinab in die Schuttrinne zwischen Westlichem Rothörndl und Großem Dreizinthorn, die in einen ausgeprägten Graben führt. Dann über latschenbewachsene Rippe abwärts und über einen weiteren Graben zur Gerwald-Jagdhütte (1425 m) und auf gutem Weg nach Hütten bei Leogang, 2 Stunden von der Ritzenkarscharte.

6 Kampenwand

Chiemgauer Alpen/Bayern

Die Kampenwand muß man als bergbegeisterter Wanderer kennen, auch wenn man den Berg gelegentlich gern etwas ruhiger haben möchte.

<u>Beste Zeit:</u> Ende Mai – Ende Oktober
<u>Charakter:</u> eine gemütliche Familientour
<u>Gehzeit:</u> 4–5 Stunden
<u>Nächtigung</u> in der Steinlingalm

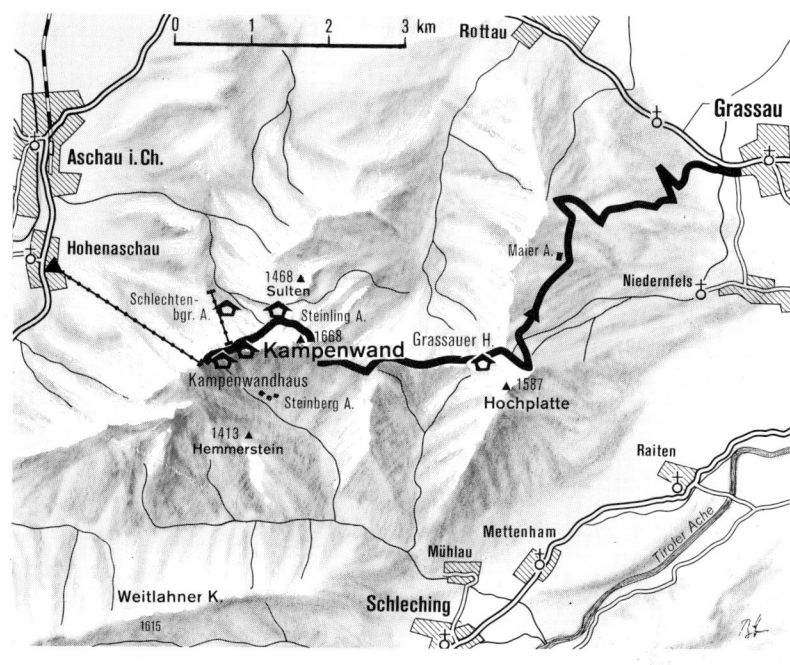

Der von Ost nach West verlaufende Kampenwand-Gipfelgrat wirkt wie der Kamm eines stolzen Gockels und beherrscht das Bild der Chiemsee-Landschaft um Bernau. Und die recht harmlose, gemütliche Besteigung der Kampenwand ist für jeden Naturfreund eine Sinfonie von Milde, Lieblichkeit und Felswildnis. Und wenn die Besteigung auch noch mit der Überschreitung zum Aussichtsbalkon Hochplatte verbunden wird, dann ist es bis zur Liebeserklärung für die Chiemgauer Alpen nicht mehr weit.

Diese sicher sehr »zahme« Gruppe der Nördlichen Kalkalpen versinnbildlicht den Be-

griff bayerischer Voralpenlandschaft und ist für jeden, der nicht immer spektakuläres Hochgebirge um sich haben will, ein wahres Wanderparadies.

Die Kampenwand wird in den großen, gängigen Wanderbüchern totgeschwiegen wie eine verblichene Schönheit, über die »man« nicht mehr spricht. Natürlich ist der Kampenwand-Nahbereich an schönen Tagen Tummelplatz vieler Seilbahntouristen. Aber das ist noch lange kein Grund, das ungewöhnlich schöne Wanderziel Kampenwand zu meiden wie eine Aussätzige. Nur ein wenig gut überlegte Zeitplanung braucht es, und – ich wette! – schon hat man die Kampenwand für sich allein.

Freilich darf man in der Steinlingalm nicht erst frühstücken, wenn einem die Sonne bereits auf den Pelz brennt. Dieses Vergnügen überläßt man besser seinen lieben Mitmenschen.

Das knappe Stünderl hinauf zur Kampenwand schafft man wirklich auch nüchtern, und – eine Thermosflasche im Rucksack – ein Gipfelfrühstück, das Chiemseeland im jungen Tag zu Füßen ausgebreitet, vermittelt ein Kampenwand-Erlebnis, wie es nicht jeder kennt. Und den nächsten Kampenwand-»Bezwingern« begegnen wir frühestens im Abstieg, auch wenn wir der genüßlichen Gipfelszene eine ganze Stunde gewidmet haben.

Für unterwegs

In Aschau (617 m) können wir uns ungeniert am Spätnachmittag der Kampenwand-Seilbahn anvertrauen, denn auf einer langweiligen Forststraße aufzusteigen, ist nervtötend. Und wenn wir mit einer der letzten Gondeln die Bergstation (1560 m) beim Kampenwand-Haus erreichen, gibt es

Links: Sommermorgen am Chiemsee, Kampenwand. Unten: Die Kampenwand von der Steinlingalm. Deutlich ist das beherrschende Chiemgaukreuz auf dem Ostgipfel zu erkennen.

meist nur noch Talfahrt-Touristen.

Der Weg hinüber zur nordöstlich gelegenen Steinlingalm (1550 m) ist, sogar etwas absteigend, ein gemütlicher Spaziergang von 30 Minuten. Und in der Steinlingalm, am Abend vor der Hütte sitzend, hoch überm Chiemseeland, da läßt sich's leben. Der nächste Tag sieht uns, wie erwähnt, schon zu sehr früher Stunde auf den Beinen. Es gibt keinerlei Orientierungsprobleme, denn der Weg zum Kampenwand-Ostgipfel (1660 m) ist zwar etwas lieblos angelegt, aber bestens markiert und teilweise, im Gipfelbereich, gesichert. Da kommt bald nach dem Lat-

schenhang die Schlechinger Scharte, die den Kamm teilt. Kurz unterhalb von ihr führt der Weg nach links in die Kaisersäle – eine Felsschlucht mit glatten Wänden –, um schließlich, den Sicherungsanlagen folgend, nach einer knappen Stunde das große Chiemgau-Kreuz auf dem Ostgipfel zu erreichen; den Hauptgipfel (1669 m) westlich der Schlechinger Scharte müssen wir leider Kletterern überlassen. Abstieg bis zur Abzweigung in Richtung Hochplatte, die wir schon lange im Osten sehen. Die Hochplatte (1586 m) ragt knapp drei Kilometer östlich der Kampenwand auf und wird auf dem sehr hübschen Aussichtsweg über den Verbindungskamm, den wenig ausgeprägten Hochalpenkopf überschreitend und am bewirtschafteten Grassauer-Haus vorbei, gemütlich in 1 bis 1½ Stunden erreicht. Im Sattel zwischen Haberspitz und Hochplatte müssen wir uns entscheiden, ob der Hochplatte-Gipfel (15–20 Minuten) noch »mitgenommen« werden soll. Für den endgültigen Abstieg ins Tal ergeben sich zwei Möglichkeiten, die sich zeitlich kaum unterscheiden: entweder nordöstlich durch Wald und über die Grassauer Alpe und nach Grassau, 1½ bis 2 Stunden, oder östlich über die Plattenalpe und durch den Waldgraben nach Pliesenhausen bei Marquartstein, 1 ½ Stunden.

7 Geigelstein

Chiemgauer
Alpen/Bayern

Der Geigelstein
(1808 m) bei Schleching
ist ein prächtiger Aus-
sichtsberg und ein
ideales Ziel im Frühjahr
zum Eingehen, eine Art
Wanderkostprobe.
<u>Beste Zeit:</u> Mai –
November
<u>Charakter:</u> Alpenspa-
ziergang
<u>Gehzeit:</u> 4–5 Stunden
<u>Nächtigung</u> im Berg-
gasthof Breitenstein bei
Ettenhausen

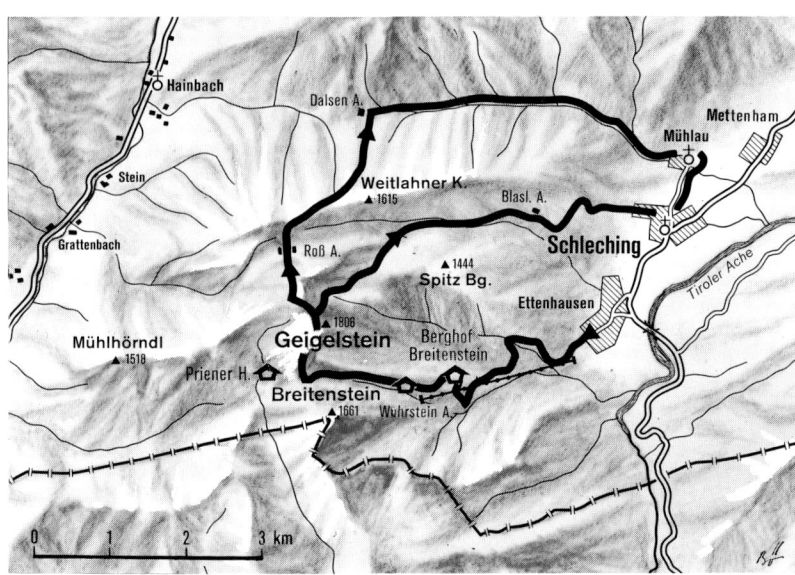

Der Geigelstein gehört mit dem Sonntagshorn (1960 m) zu den zwei höchsten Erhebungen der Chiemgauer Alpen und ragt südlich der Kampenwand als begrastes Massiv mit Felsabbrüchen gegen Osten beherrschend auf; nicht weit südlich von ihm verläuft die Staatsgrenze zu Österreich (Tirol). Aber den Geigelstein wählt man nicht wegen seiner Höhe als Ziel, sondern um ein Stück schöne Voralpenlandschaft und im Frühsommer eine bezaubernde Alpenflora zu erleben. Bergbegeisterte Eltern können ihre Sprößlinge bedenkenlos auf den Geigelstein mitnehmen, weil keinerlei Gefahren zu befürchten sind. Denn die Überschreitung des Berges von Süden nach Norden könnte zeitlich ohne weiteres auch ohne Nächtigung an einem Tag ausgeführt werden. Natürlich werden süddeutsche Bergfreunde, für die der Geigelstein am Wochenende gut erreichbar ist, nicht so gedankenlos sein, und den Berg im Hochsommer besteigen. Erstens ist es um diese Zeit auf den Vorbergen reichlich warm und zweitens ist das Gebiet sehr stark von Feriengästen aus Deutschlands Norden bevölkert. Nein, der Geigelstein ist geradezu ideal, um die eingerosteten Winterbeine wieder in Gang zu bringen oder im Herbst die Wandersaison ausklingen zu lassen. Dann wird der Geigelstein zu einem wahren Vergnügen, zu einem Wander- und Landschaftsge-nuß, wie man ihn in der besagten Zeit eben nur in den Voralpenbergen erleben kann. Und es kommt nicht selten vor, daß hier auch Bergsteiger der ersten Garnitur unterwegs sind, der eine mit seiner kleinen Freundin, um in ihr Bergbegeisterung zu wecken; der andere mit seiner Angetrauten, um in ihr wieder Verständnis für sein Bergsteigen aufzubauen – oder ganz einfach nur, um einen schönen Bergtag zu erleben und Zeit füreinander zu haben.

Für unterwegs

Wie schon erwähnt, kann die Geigelsteintour von Schleching

Rechts: Breitenstein (l.) und Geigelstein mit Schleching in den Chiemgauer Bergen.

Geigelstein

aus ohne weiteres an einem Tag ausgeführt werden. Aber bequemer und auch schöner ist es, am Morgen bereits ein wenig in der Höhe zu sein. Deshalb wählen wir entweder den gemütlichen Berggasthof Breitenstein (1100 m) oder die

Talnebel an der Kampenwand. Blick zum Geigelstein.

Priener Hütte (1410 m) des Alpenvereins als Stützpunkt für die Nächtigung. Den Gasthof Breitenstein erreicht man von Ettenhausen bei Schleching gemütlich auf breitem Weg in einer Stunde; die Priener Hütte mit Hilfe des Sessellifts bis zur Wahrstein-Alm und über die Wirtsalm in 1½ Stunden, zuletzt ein wenig absteigend. In beiden Häusern kann man sich

wohl fühlen, wenn man die Hochsommerzeit meidet. Und die Geigelstein-Besteigung ist von beiden Stützpunkten aus ein kinderleichter Ausflug, über den nicht viel Worte zu verlieren sind:
Vom Breitenstein-Haus westlich durch das sanfte Hochtal zwischen Geigelstein im Norden und Breitenstein (1661 m) im Süden hinauf bis zur Wirtsalm (ca. 1420 m), dann über den Steilhang weiter in die Scharte vor dem letzten Aufschwung und schließlich über den latschendurchsetzten Gipfelhang, 1½ Stunden.
Von der Priener Hütte braucht man etwa die gleiche Zeit, die erwähnte Scharte kennen wir bereits vom Hüttenzugang. Die Panoramaschau vom Geigelstein ist begeisternd: im Norden der langgestreckte Felskamm der Kampenwand, im Westen und Osten die Chiemgauer Nachbarn, im Süden der Zackengrat des Wilden Kaisers.
Für den Abstieg nach Schleching gibt es zwei Möglichkeiten: entweder nördlich über Roßalm und Aschentaler Wände (kurzer Gegenaufstieg) zur Dalsenalm und östlich durch das Dalsental hinaus nach Mühlau bei Schleching, 2 Stunden; oder kurz unterhalb nördlich des Gipfels rechts (nordöstlich) hinab zur Schusterbauer-Alm und über die Blasi-Alm direkt nach Schleching, 1½ bis 2 Stunden, wobei die erste Möglichkeit landschaftlich schöner ist.

Schlierseer Berge/ Bayern

Der Wendelstein (1838 m) ist ein Bergbahnen-Gipfel mit jährlich Tausenden von Besuchern, aber gerade deshalb hat er auch eine ruhige Seite.
<u>Beste Zeit:</u> Mai bis November
<u>Charakter:</u> leichte Familientour
<u>Gehzeit:</u> 5–6 Stunden
<u>Nächtigung</u> auf dem Sudelfeld

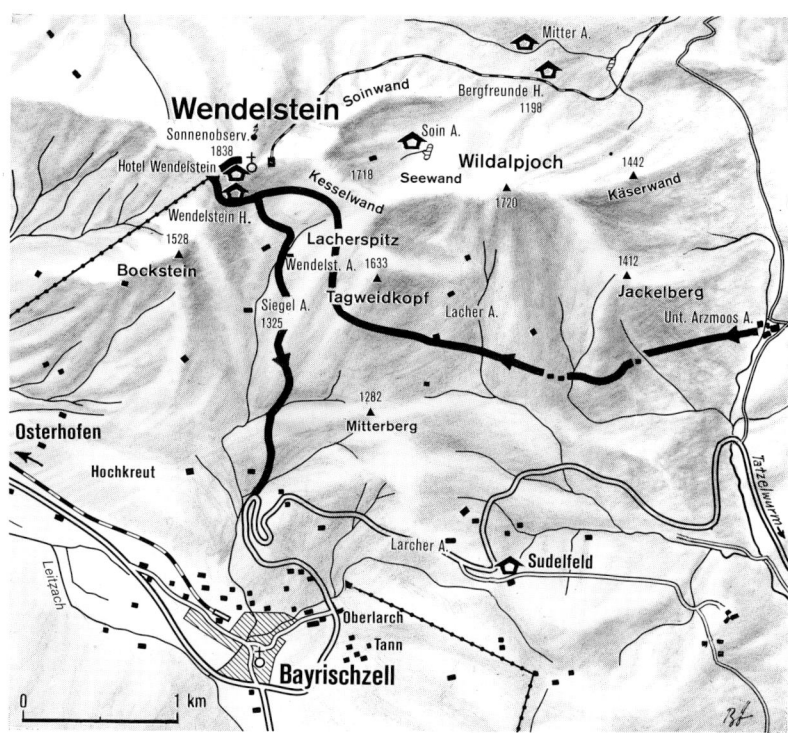

Der Wendelstein ist zweifellos Bayerns bekanntester und meistbesuchter Voralpenberg, vor allem wegen seiner prächtigen Aussicht. Da liegen die Nördlichen Kalkalpen vom Watzmann bis zur Zugspitze und die Zentralalpen von den Hohen Tauern bis zu den Stubaier Alpen vor einem ausgebreitet, und natürlich auch das ganze Voralpenland bis nach München; an klaren Tagen sind auch noch die Höhen des Bayerischen Waldes zu erkennen. Deshalb hatte der Wendelstein schon früh das Interesse der Bayern geweckt. Bereits im 17. Jahrhundert bestiegen, erbaute 1718 ein Bayrischzeller Bauer eine Gipfel-

kapelle, die dem heiligen Wendelin geweiht wurde; 1912 entstand hier Deutschlands erste Alpenbergbahn (7,7 km Zahnradbahn von Brannenburg). Vorher wurde das Wendelsteinkirchlein (1889) errichtet. Dann wurde der Gipfel, Zug um Zug, mit wissenschaftlichen Einrichtungen (Observatorium, Sternwarte, Sendeanlagen) und einem großen Schutzhaus geziert. Und seit 1971 verkehrt von Bayrischzell-Osterhofen eine Kabinenseilbahn. Mehr ist an technischer Erschließung am Wendelstein wirklich nicht mehr zu machen. Aber wie jeder ordentliche Japaner einmal in seinem Leben den Fudschi-

jama besteigen will, muß jeder bayernbewußte Bayer einmal auf dem »Wendlstoa« gewesen sein – und wenn eine der beiden Bahnen dazu herhalten muß. Das alles aber schließt nicht aus, daß am Wendelstein auch noch hübsche und sogar ruhige Wanderungen unternommen werden können, wenn man vom Gipfel-Nahebereich absieht. Zum Beispiel die Wanderung aus dem zauberhaften Arzmoostal im Osten über die Jackelberger und Schweinsteiger Alm, unterm Tagweidkopf, Lacherspitz und der Kesselwand vorbei, um nach dem Gipfel südlich über Wendelstein- und Siegel-Alpe direkt nach Bayrischzell abzu-

steigen. Wer den Wendelstein auf diese Weise anpackt, wird schmunzeln, wenn er hört, daß man den Berg wegen der vielen Leute nicht mehr besuchen könne.

Für unterwegs

Für die Nächtigung wählen wir einen der Alpengasthöfe auf dem Sudelfeld (1097 m), weil weiter oben im Arzmoostal kein Schutzhaus existiert – es sei denn, man hat Zeit, um sich in einer der Arzmoosalm-Hütten nach einer Bleibe umzusehen. Wie auch immer das Nächtigungsproblem gelöst wurde, unser Weg führt von der großen Nordkurve der Sudelfeldstraße nördlich ins Arzmoostal und nach etwa 20 Minuten zur Unteren Arzmoosalm mit einem halben Dutzend Hütten. Hier verlassen wir den Arzmoosbachgraben nach links (Westen) aufwärts und erreichen über steile Almwiesen nach etwa einer Viertelstunde den bezeichneten Weg; der vom oberen Arzmoostal herabführt. Auf ihm links (westlich), etwas absteigend, an der Jakkelberger Alm vorbei, zur Schweinsteiger Alm. Westlich und nordwestlich weiter zur Lacher Alm (1324 m), um anschließend die Südflanke des

Links: Blick vom Sudelfeld auf den Wendelstein. Rechts: Der Wendelstein von Südosten mit Wendelsteinhaus und Observatorium

Tagweidkopfes (1633 m) zu queren; schon sehen wir das verbaute Gipfelmassiv des Wendelsteins. Noch durch die Waldflanke des Lacherspitz hinauf, an den Minifelsabstürzen der Kesselwand (1718 m) vorbei, erreichen wir die Zeller Scharte und über den steilen Osthang das Wendelsteinhaus, von wo es bis zum höchsten Punkt nur noch ein Katzensprung ist; 3 Stunden von der Sudelfeldstraße. Den Abstieg wählen wir am besten wieder über die Zeller Scharte, von der wir direkt südlich zur Wendelstein-Alm absteigen. Nun weiter südlich, entlang der lin-

ken Seite des Legerwaldgrabens hinunter, oberhalb der Zeller Alm vorbei, zur Sudelfeldstraße, die nach der zweiten Kehre – von Bayrischzell – erreicht wird, 2 Stunden vom Gipfel; zum geparkten Fahrzeug sind es von hier noch ca. 4 km. Man kann es aber auch unvergleichlich bequemer haben: Zahnradbahn bis Bergfreunde-Haus, in 30 Minuten südöstlich zur Kronberger Alm (verfallen), südlich über das ungewöhnlich schöne Arzmoos-Hochmoor und über die beiden Arzmoos-Almen wieder hinab zum Ausgangspunkt; insgesamt eine gute Stunde.

9 Über den Zahmen Kaiser

Kaisergebirge/
Tirol, Österreich

Wer den Zahmen Kaiser nicht überschritten hat, kennt die Faszination des Wilden Kaisers in seiner ganzen Größe und Vielfalt noch nicht.
<u>Beste Zeit:</u> Mitte Mai – November
<u>Charakter:</u> leicht, aber lang, 22 km
<u>Gehzeit:</u> 11–12 Stunden, ohne Pyramidenspitze 7–8 Stunden
<u>Nächtigung</u> in der Vorderkaiserfelden- hütte

Das Kaisergebirge zwischen Kufstein und St. Johann, Ellmau und Walchsee ist bekanntlich in den Zahmen und Wilden Kaiser aufgeteilt; der Zahme-Kaiser-Kamm ist dem Wilden Kaiser nördlich vorgelagert, seine Überschreitung vermittelt ein ungewöhnlich abwechslungsreiches Landschaftserlebnis, weil man erst von den Höhen des Zahmen Kaisers aus das oft chaotische Wirrwarr von Türmen und Zakken, von Rinnen und Schluchten des Wilden Kaisers überschauen und bestaunen kann. Die Wanderung über den Zahmen Kaiser gehört zu den beschaulichsten und eindrucksvollsten Höhenrouten der gesamten Nördlichen Kalkalpen, ja sie kann gut und gern mit den schönsten Dolomiten-

Wanderungen verglichen werden. Die Zahl der Gehstunden braucht einen nicht zu erschrecken, denn die ersten 2 1/2 bis 3 Stunden braucht man bereits am ersten Tag von Kufstein zur Vorderkaiserfeldenhütte, in der genächtigt wird, dann sind es nur noch 9 Stunden; und wer nicht gut in Form ist, kann sich mit dem Verzicht auf die Pyramidenspitze nochmals 2 1/2 bis 3 Stunden sparen, dann sind es nur noch 6–7 Stunden – kein Grund also, den Zahmen Kaiser nicht anzugehen.
Und ich mußte es mir selbst eingestehen – nach vielen Kletterfahrten im Wilden Kaiser –, daß ich das Kaisergebirge erst im Rahmen der Überschreitung des Zahmen Kaisers richtig kennenlernen konnte.

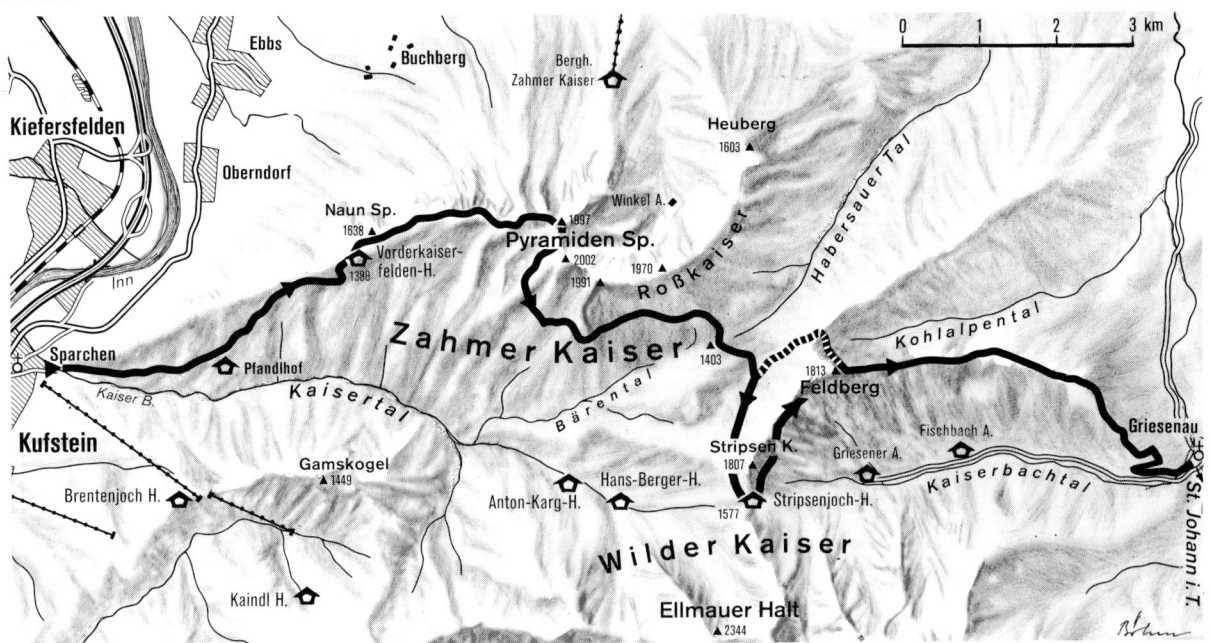

Über den Zahmen Kaiser

Oft hatte ich von den Gipfeln des Predigtstuhls, Totenkirchls und der Fleischbank hinüber und hinunter geschaut auf die Höhen des Zahmen Kaisers, gelangweilt, weil ich nicht wußte, welche großartige Landschaftseindrücke einem dort vermittelt werden. An einem schönen Spätherbsttag auf diesen Höhen unterwegs zu sein, muß jeden Berg- und Naturfreund begeistern, auch den verbohrtesten Nur-Kletterer, der seine Wände häufig nur aus der Froschperspektive kennt und vor lauter Fels oft keinen Berg mehr sieht. Lediglich mit einem Problem müssen wir uns beschäftigen: die Rückkehr nach Kufstein, wo die meisten Begeher ihr Fahrzeug stehen haben. Aber von Griesenau über St. Johann gibt es gute Bus-Verbindungen, mit denen man sich vor Beginn des Unternehmens vertraut macht.

Für unterwegs

Vom Stadtzentrum Kufstein nördlich zum Ortsteil Sparchen am Ausgang des Kaisertales (Parkplatz). Auf breitem Stufenweg östlich hinauf zum Veitenhof, 1 Stunde. Nach 10 Minuten Wegteilung mit Tafel – wir gehen links aufwärts zur Riezalm (1161 m), 1 Stunde; über Almweiden und durch Wald in 30 Minuten zur Vorderkaiserfeldenhütte (1384 m) in sehr schöner Aussichtslage, 2¹/²–3 Stunden von Kufstein.

Schon in der Hütte müssen wir uns hinsichtlich Pyramidenspitze entscheiden, denn der Weg teilt sich schon nach wenigen Minuten.
Zur Pyramidenspitze: Auf dem Hüttenweg eine Minute talwärts zur Weggabelung, links (östlich) in Richtung Stripsenjoch, nach wenigen Minuten erneute Wegteilung; auf dem linken Weg in 20 Minuten zur Hinterkaiserfeldenalm (1485 m). Jetzt nord-östlich aufwärts (Tafel) durch Latschen in das Kar der Steingrube, entlang der Steingrubenschneid-Westwand und in den oberen Karkessel, vorbei am Zwölferkogel, durch den »Kamin« hinab und östlich

Blick oberhalb vom Stripsenjoch auf Predigtstuhl (l.) und Fleischbank

hinauf zur Pyramidenspitze (1999 m), 2 Stunden. Abstieg südlich über die Ochselweid, wonach wir in 30 bis 40 Minuten den Höhenweg zum Stripsenjoch erreichen (von der Vorderkaiserfeldenhütte 30 bis 40 Minuten). Auf dem schön angelegten Höhenweg zur Hochalm (1410 m), südlich hinab zum Feldalmsattel (1428 m) und zum Stripsenjochhaus (1580 m), 3 Stunden (ohne Pyramidenspitze). Nun nördlich in Richtung Stripsenkopf, der über seine Ostflanke umgan-

Über den Zahmen Kaiser

gen wird, und nordöstlich über einige Graterhebungen auf den Feldberg (1813 m), 1 Stunde. Nun über den Latschenrücken östlich hinab in Lärchenwald, kurze Gegenaufstiege, und zur Oberen Schei-

benbichlalm (1440 m), 50 Minuten. Über eine Kuppe zur Unteren Scheibenbichlalm (1280 m), 30 Minuten, dann steil hinab durch Wald nach Griesenau, 3 Stunden vom Stripsenjoch.

Oben: Auf dem Gipfel des Feldbergs im Kaisergebirge. Rechts: Das Kaisergebirge von Süden gesehen.

Kaisergebirge/Tirol, Österreich

Die Ellmauer Halt (2344 m) ist der höchste Gipfel des Kaisergebirges und ein erstklassiger Aussichtsberg dazu – sie ist ein richtiger Kaiserthron.
<u>Beste Zeit:</u> September – Oktober
<u>Charakter:</u> schwierig, anstrengend
<u>Gehzeit:</u> 10–11 Stunden
<u>Nächtigung</u> im Anton-Karg-Haus in Hinterbärenbad

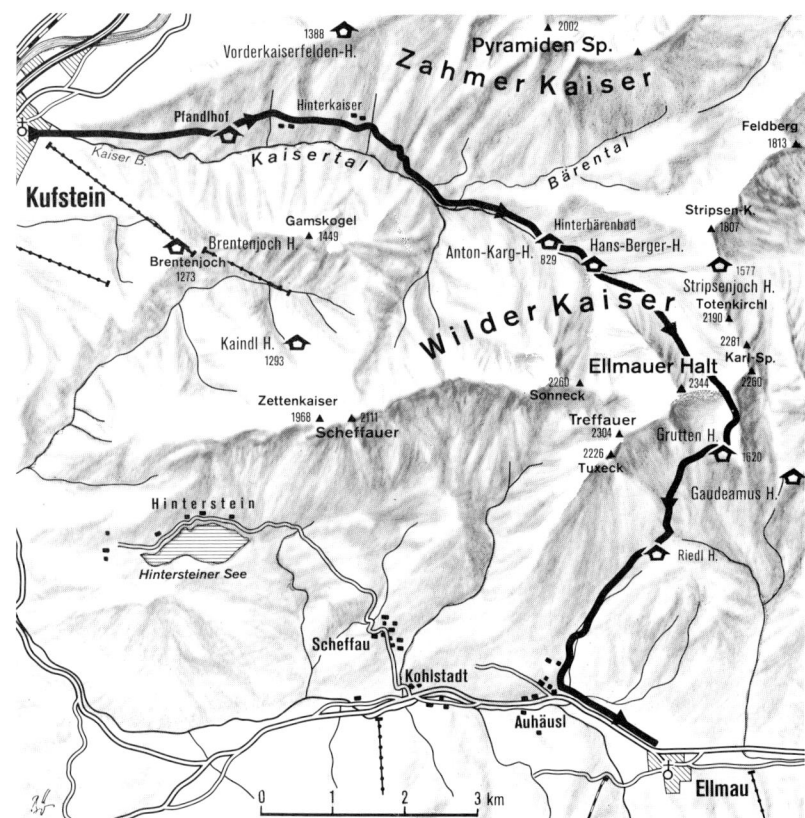

Wer die Ellmauer Halt nicht ehrt, könnte man sagen, ist den Kaiser nicht wert. Denn die Ellmauer Halt ist immerhin des Kaisers höchster Berg, seine Aussicht in die Felsszenerie der nahen Umgebung ist faszinierend und der fast senkrechte Blick hinab zur Geröllwüste des Hohen Winkels ist atemberaubend. Aber die Ellmauer Halt hat, und das muß gesagt werden, auch ihre Tücken und Gefahren: es gibt zwar Weg- und Sicherungsanlagen, aber der Berg wird leider zu oft von vielen Ungeübten angegangen, wodurch es, besonders an Wochenenden, immer wieder zu Steinschlag-

situationen kommt. Also: Wer sich's nicht einrichten kann, die »Wochenendtour« an Wochentagen auszuführen, sollte auf die Ellmauer Halt verzichten. Und bis Ende August sollte der Berg auch tabu sein, denn wir brauchen eine vollkommen ausgeaperte – schneefreie – Kaiser-Nordflanke, weil sonst das Unternehmen zu einem gefährlichen Unterfangen wird. Schwindelfreiheit und Beherrschung des Schwierigkeitsgrades I (»leicht«) sind für diese Tour Voraussetzung. Wenn das alles »stimmt«, wird die Besteigung

der Ellmauer Halt zu einem eindrucksvollen Erlebnis, denn man lernt einen der wildesten Winkel des *Wilden* Kaisers kennen: Kufstein – Kaisertal – Hinterbärenbad (Anton-Karg-Haus) – Hoher Winkel – Kopftörl – Ellmauer Halt – Gruttenhütte – Ellmau, das sind die wichtigsten Stationen.
Eine direkte Besteigungsmöglichkeit wäre über die Schärlinger Böden und Rote-Rinne-Scharte möglich, aber durch einen Bergsturz 1970 wurden die südseitigen Sicherungsanlagen vernichtet; das Gelände ist jetzt eine unange-

nehme Lehmzone, die sich nur erfahrene Bergsteiger zumuten sollten. Also nehmen wir eine Stunde zeitlichen Mehraufwand in Kauf und wählen den Kopftörl-Übergang.

Für unterwegs

Talort ist Kufstein (499 m) am Inn. Vom Stadtzentrum nördlich zum Ortsteil Sparchen am Ausgang des Kaisertales (Parkplatz). Auf breitem Stufenweg östlich hinauf zum Veitenhof (1 Stunde) und Pfandlhof. Kurz danach teilt sich der breite Fahrweg: rechts Fahrweg, links Wanderweg, der schöner und abwechslungsreicher ist; nach etwa 1 Stunde treffen beide Wege beim Klausbühel wieder zusammen, um nach einer halben Stunde das ehrwürdige Anton-Karg-Haus im romantischen Hinterbärenbad (831 m) zu erreichen, 2½ Stunden von Kufstein. Hörfarter-Kapelle, großer Stein mit Gedenktafeln abgestürzter Bergsteiger. Am nächsten Tag zunächst auf dem Weg in Richtung Stripsenjoch bis zur Neustadler Wiese (1265 m, Tafel), 1 Stunde. Rechts auf schmalem Weg weiter, kurz darauf über eine Wasserrinne, dann durch Wald und Latschen aufwärts, nahe an der imposanten Totenkirchl-Westwand vorbei, um das wildromantische Hochkar des Hohen Winkels zu erreichen, umgeben von einer ungewöhnlichen Felsszenerie. Entlang der Karl-

spitzen-Westabstürze hinauf, um durch eine breite Geröllrinne in die schmale Einschartung des Kopftörls (2058 m) zu gelangen, 2½ Stunden. Vom Kopftörl auf einem Band (ausgesetzt, Drahtseil) nach links, zuerst durch einen Spalt, bis man südlich über Felsen zur Schutthalde absteigen kann. Hier verläßt man den Hauptweg nach rechts, um – Höhe sparend – auf deutlichen Steigspuren westlich auf den Gamsängersteig (Normalweg von der Gruttenhütte) zu stoßen. Auf den Gamsängersteig-Bändern, entlang der Kopftörlgrat-Südabstürze, aufwärts (Drahtseile) bis zur gelben »Jägerwand«. Den Drahtseilen folgend über eine Steilstufe (lehmig, bei Nässe unangenehm) und in Richtung einer markanten Felsnadel, die aus einem wenig ausgeprägten Grat aufragt. Kurz oberhalb der Nadel wird der Grat er-

Auf dem Weg von Hinterbärenbad wird der Kopftörlgrat ganz links überschritten.

reicht. Über ihn hinauf in die tiefe Achselrinne (Eisenstifte und -leitern); durch sie auf breites Geröllband – im Jargon »Maximilianstraße« –, das östlich zu drahtseilgesicherten Platten leitet; über sie zum Gipfelkreuz, neben dem sich eine kleine Unterstandshütte befindet (kein Schutz gegen Blitzgefahr!), 1½ Stunden vom Kopftörl, 4 Stunden von Hinterbärenbad. Abstieg auf dem gleichen Weg und durchs Hochgrubach-Kar zur Gruttenhütte (1619 m), 1½ Stunden. Auf dem breiten Fahrweg hinab zur Riedl-Hütte, kurz danach links abzweigen, um, dem Sonnenseitbach entlang, nach Ellmau zu wandern, 1½ Stunden. Gute Busverbindung nach Kufstein.

11 Steinerne Rinne

Kaisergebirge/Tirol,
Österreich

Die Steinerne Rinne
muß man wenigstens
einmal erlebt haben,
denn sie gehört zu den
imponierendsten
Schaustücken der
gesamten Alpen.
<u>Beste Zeit:</u> Mitte August
bis November
<u>Charakter:</u> leicht für
Geübte
<u>Gehzeit:</u> 6–7 Stunden
<u>Nächtigung</u> im Stripsen-
jochhaus oder in der
Griesener Alm

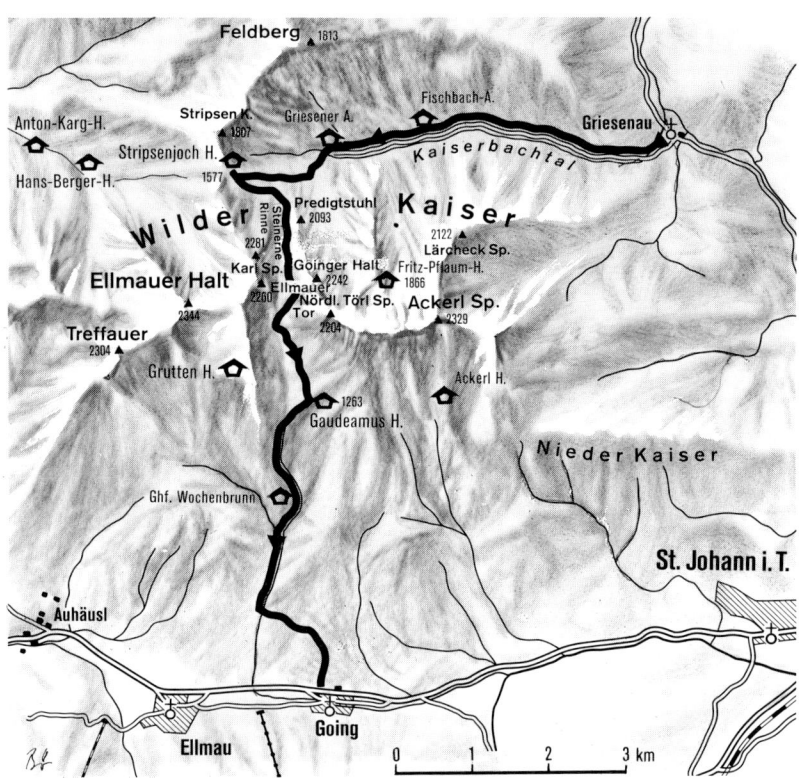

Steinerne Rinne – ein simpler
Name für eine Felsszene, für
eine Urlandschaft, wie sie er-
regender nicht sein könnte.
Leo Maduschka (1908–1932)
von den Münchner »Bergva-
gabunden«, zu früh in der Civetta-Nordwestwand in einem
Wettersturz umgekommen, be-
schrieb die Steinerne Rinne:
»Ungeheuer und ganz unsag-
bar großartig lodert der Fels
ringsum empor; linker Hand
greift ein Turm mit der hinreißenden Kühnheit eines goti-
schen Münsters ins Blaue: der
Predigtstuhl . . . Es biegt dir
den Kopf weit in den Nacken,
es übermannt dich: das ist die
Steinerne Rinne.«

Diese Riesenschlucht zwischen
Fleischbank und Predigtstuhl
wurde erst 1881 durch Gott-
fried Merzbacher und W. Soyer
bezwungen. Heute führt ein
gesicherter Steig durch sie hinauf. Ein Weg, den man einfach
»gemacht«, erlebt haben muß,
denn er führt durch einen geradezu einmaligen Felsenzirkus. Einige Stellen des teils
gesicherten Eggersteiges sind
ein wenig ausgesetzt, so daß
trittsicheres Gehen notwendig
ist. Und die »Rinne«, wie sie
Kenner kurz nennen, sollte unbedingt schneefrei sein,weil
sonst unzumutbare Gefahren
auftreten. Die vollkommen

problemlose Besteigung der
Hinteren Goinger Halt, dieses
prächtigen Aussichtsberges, ist
nur noch eine lohnende Zu-
gabe von 30 Minuten, die man
sich zeitlich gut leisten kann.
Und wer sich nicht gern damit
abfindet, am Ende der Tour
von Going mit dem Linienbus
zum Fahrzeug auf der Griesener Alm zu fahren, trickst dieses Problem übers Kleine Törl
ins Griesner Kar elegant aus.

Rechts: Die Steinerne Rinne
mit Predigtstuhl (l.) und
Fleischbank (r.).

Steinerne Rinne

Für unterwegs

Die Griesener Alm (1006 m) erreicht man von Griesenau (727 m) an der B 176 zwischen St. Johann i.T. und Kössen durchs 6 km lange Kaiserbachtal (Mautstraße), wo sich der Parkplatz in den letzten Jahren großstadtmäßig entwickelte. Der Aufstieg zum Stripsenjochhaus (1580 m), das man bereits von der Griesener Alm aus sieht, erfordert 1¹/₂ Stunden und braucht einzeln nicht beschrieben zu werden; es ist ein breiter, gutangelegter Weg. Das Stripsenjochhaus ist zwar fast nur noch ein Alpengasthof (mit Massenbetrieb), hat aber immer noch eine großartige Aussichtslage. Am nächsten Tag müssen wir den gleichen Weg wieder 15 Minuten hinab bis zur Abzweigung nach rechts (Tafel) in Richtung Steinerne Rinne. Einmal auf diesem teils gesicherten Eggersteig, ist er nicht mehr zu verfehlen: Östlich durch das Wildanger-Kar, über den Vorbau des Fleischbank-Nordpfeilers, um schließlich im Schlund der Steinernen Rinne aufzusteigen. Nach ca. 200 Höhenmetern nimmt die Neigung zusehends ab, aber man wird des Schauens nicht müde, denn fast immer sieht man auch Kletterer in den Steilwänden von Predigtstuhl (links), Fleischbank und Christaturm (rechts).
Das Ellmauer »Tor« ist natürlich kein *Tor*, für das man einen Schlüssel braucht, son-

dern ein großes, felsiges Joch (1¹/₂ Stunden), von dem östlich (links) der bezeichnete Serpentinenweg hinauf zur Hinteren Goinger Halt abzweigt; ohne Schwierigkeiten sind wir in 20 Minuten oben (Gipfelkreuz). Die Aussicht, besonders in den Nahbereich, verlockt zu längerem Verweilen. Aber irgendwann muß man auch die Goinger Halt wieder verlassen: auf dem gleichen Weg hinab zum Ellmauer Tor. Nun südlich hinab in Richtung Going, das man über die Gaudeamushütte (1297 m) und Wochenbrunner Alm (1087 m) bequem in 2 Stunden erreicht. Für geübte Geher, die den Rückweg übers Kleine Törl vorziehen: etwa 10 Minuten südlich unterhalb des Ellmauer

Auf dem Ellmauer Tor, das von Christaturm (l.) und Fleischbank beherrscht wird.

Tors – bei P 1711 »Im Kübel« – den Hauptweg links (Osten) verlassen und auf Steigspuren über grasdurchsetzte Bänder entlang der Törlspitzen-Südwände zum »Gildensteig« (von Ackerl- und Gaudeamushütte) und in die kleine Einschartung des Kleinen Törl, 1 Stunde vom Ellmauer Tor. Der roten Bezeichnung folgend, nördlich durch eine kurze Felsrinne (Eisenringe und -stifte) und über steiles Geröll hinab ins Griesner Kar und zur Fritz-Pflaum-Hütte, 30 Minuten vom Törl; der Abstieg zur Griesener Alm erfordert eine Stunde.

Kaisergebirge/Tirol, Österreich

Die Überschreitung der Ackerlspitze (2331 m) gehört zu den stilleren Kaisertouren und gleichzeitig zu den abwechslungsreichsten, denn hier ist der Kaiser am bizarrsten.

<u>Beste Zeit:</u> Ende August–Oktober
<u>Charakter:</u> schwierig, ausgesetzt
<u>Gehzeit:</u> 6–7 Stunden
<u>Nächtigung</u> in der Ackerlhütte oberhalb Going

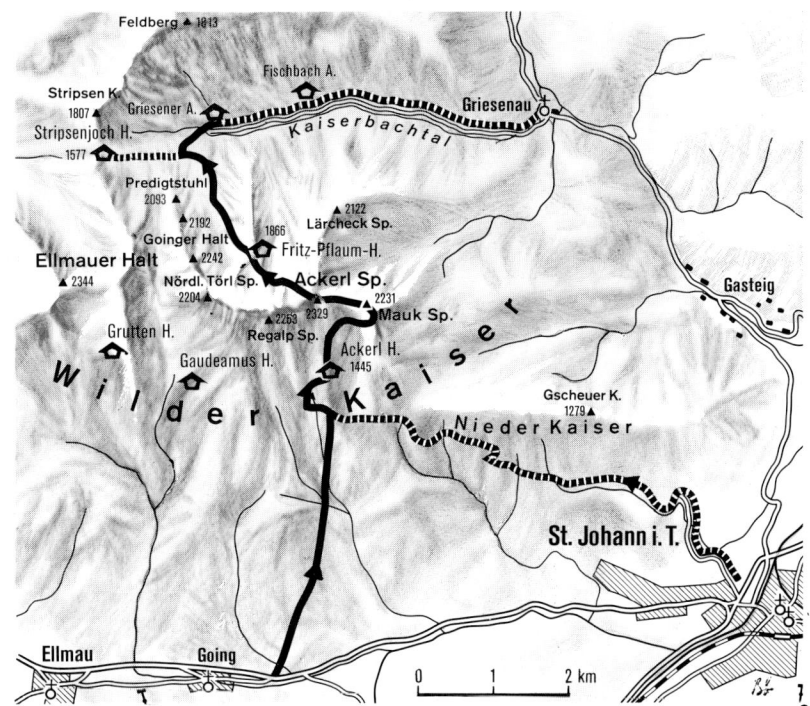

Als der Tiroler Geistliche und Pionier der Ostalpen-Erschließung Peter Carl Thurwieser 1826 mit zwei Begleitern die Ackerlspitze erstbestiegen hatte, glaubte er, den höchsten Kaisergipfel unter den Füßen zu haben, wodurch deutlich wird, wie sehr der Berg jeden Bergsteiger beeindruckt. Dazu kommt die erfreuliche Tatsache, daß der östliche Teil des Wilden Kaisers unvergleichlich weniger stark besucht wird wie etwa Ellmauer Halt und Ellmauer Tor. Hier kann man sogar das Glück haben, auch mal allein unterwegs zu sein. Der Wegablauf ist klar: Going –

Ackerlhütte – Ackerlspitze – Fritz-Pflaum-Hütte (Griesner Kar) – Griesener Alm. Natürlich taucht auch hier wieder das Problem des in Going zurückgelassenen Fahrzeugs auf, aber es ist auch dieses Mal zu lösen: Rückweg aus dem Griesner Kar übers Kleine Törl, was schlimmstenfalls eine Stunde mehr kostet.
Der Ackerlhütte-Neubau von 1958 – ist eine kleine, zünftige Bergsteigerhütte, die wie ein Adlerhorst auf dem grasigen Südsporn der Ackerlspitze thront, beherrscht von den Riesenwänden von Mauk-, Ackerl- und Hochgrubachspitze, mit freiem Ausblick übers weite Kitzbühler Land. Einen Abend vor der Ackerlhütte,

wenn an der mauerglatten Mauk-Westwand das letzte Licht verglüht, vergißt man so schnell nicht. Und die grandiose, von der Hütte aus erschreckend wirkende Ackerlspitze erst recht nicht. Man will es kaum glauben, daß ihr Gipfel auch vom bergsteigenden »Normalverbraucher« ohne große Risiken erreicht werden kann.

Für unterwegs

Von Going (770 m) an der B 312 zwischen Kufstein (21 km) und St. Johann (8 km) östlich zum Stanglwirt (15 Minuten) und nördlich zur Durnbühelquelle (35 Minuten), Tafel. Roter Bezeichnung folgend rechts

durch Wald hinauf und steil zur Oberen Regalm (1320 m, 1 Stunde). Nördlich und zuletzt östlich zur Ackerlhütte, die man schon lange sieht, 2³/₄ Stunden vom Stanglwirt.

Am nächsten Tag am Westhang des Ackerlsporns, auf dem sich die Hütte befindet, auf gutem Steig 30 Minuten hinauf zum Bergfuß. Oberhalb des tiefsten Wandgürtels, der Mauk- und Ackerlspitze verbindet, befindet sich das kleine Hochkar »Niedersessel«, das es nun zu erreichen gilt. Über Felsrücken am Westrand des Wandgürtels über grasdurchsetzten Fels aufwärts (Eisenringe) in eine kurze Rinne und von ihrem Ende auf Wegspuren nach rechts ins Niedersessel-Kar. Nördlich über Schutt hinauf (meist Lawinenreste), westlich schräg links über steile Felsstufe (Eisenstife und -ringe) und durch eine Rinne, durch die wir das Hochsessel-Kar erreichen. Darüber ein Plattenschuß, der rechts über Schrofen und durch eine links aufwärts ziehende Rinne umgangen wird. Bald wird der grasdurchsetzte Mauk-Ackerlspitze-Verbindungsgrat (Ackerlschneid) in der Scharte westlich eines Zackens erreicht. Auf dem Grat, zuletzt in die Nordflanke ausweichend, zum Gipfelaufbau, in dessen

Links: Griesner Kar und Predigtstuhl von N. Rechts: Das Kaisergebirge vom Schwarzsee, Ackerlspitze (M.).

Ostseite eine gutgestufte Rinne zum Gipfel führt, 2 bis 2¹/₂ Stunden von der Ackerlhütte.

Der Abstieg nach Norden, meist als Steig, ist rot bezeichnet: Hinab über Schrofen in die Scharte im Verbindungsgrat zur Östlichen Hochgrubachspitze, dann rechtshaltend auf Serpentinensteig über grasdurchsetzten Fels zu dem ausgeprägten Nordrücken, der zuletzt steil ins Griesner Kar abbricht; linkshaltend wird der Steilabbruch umgangen, um das Griesner Kar ohne Schwierigkeit zu erreichen. Nun links (nordwestlich) zur Fritz-Pflaum-Hütte (1874 m,

1¹/₂ Stunden vom Gipfel) und auf gutem Weg hinab zur Griesener Alm (1006 m), 1 Stunde. Der direkte Rückweg zur Ackerlhütte und nach Going erfordert höchstens eine Stunde Mehraufwand: vom Nordfuß der Ackerlspitze nicht hinab zur Fritz-Pflaum-Hütte, sondern gleich scharf links (westlich und südwestlich) ins obere Griesner Kar zum bezeichneten Weg hinauf ins Kleine Törl, 1 Stunde, und auf dem »Gildensteig« hinab zur Ackerlhütte oder über die Gaudeamushütte nach Going, 2 Stunden vom Kleinen Törl, so daß überhaupt keine Rückbringer-Probleme auftreten.

13 Rotwand-Taubenstein

Tegernseer und Schlier-
seer Berge/Bayern

Um in den Bayerischen
Voralpen mitreden zu
können, muß man die
Rotwand bestiegen
haben und die reizvolle
Schliersee-Landschaft
kennen.
<u>Beste Zeit:</u> Mai–Juni
September–Oktober
<u>Charakter:</u> leichte
Familientour ohne
Gefahr
<u>Gehzeit:</u> 8 Stunden
<u>Nächtigung</u> im Rot-
wandhaus

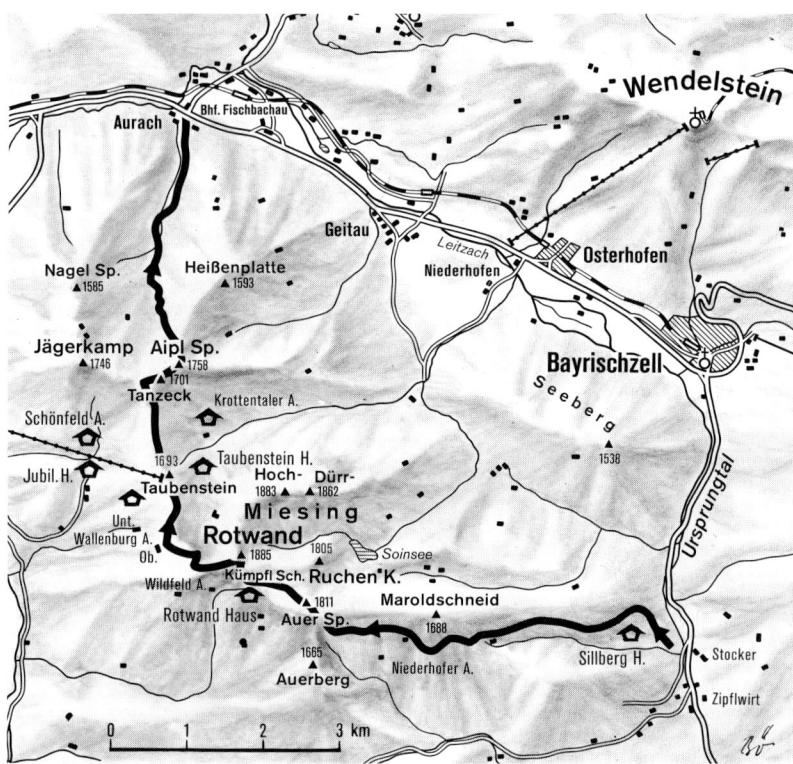

Das Massiv der Rotwand (1885
m) befindet sich rund 10 km
südöstlich des romantisch gelegenen Schliersees und bildet
mit Taubenstein (1693 m) und
Aiplspitz (1758 m) eine ausgeprägte Gipfelgruppe der Tegernseer und Schlierseer
Berge, die den Nördlichen
Kalkalpen zugerechnet wird,
und ein beliebtes Wanderparadies darstellt.
Die Überschreitung der Rotwandgipfel, an denen vor allem Grün dominiert, besonders
im Frühsommer, ist eine reizvolle Sache, trotz der Seilbahn
und des Lifts, die vom Spitzingsee das Taubensteingebiet
erschließen, denn diesen tech-

nischen Krimskrams sehen wir
erst, wenn der schönste Teil
bereits hinter uns liegt: Ursprungtal (von Bayrischzell) –
Sillbergalm – Niederhoferalm –
Auerspitz – Rotwandhaus, wo
wir nächtigen – Rotwand –
Taubenstein – Aiplspitz – Aurach. Und außerdem unternehmen wir die Tour, wenn das
große Ferienvolk noch nicht
oder nicht mehr unterwegs ist,
im Mai und Juni oder von
Ende September bis Anfang
November – weil sich in diesen
Monaten das Rotwand-Gebiet
auch in den schönsten Farben
und Stimmungen zeigt; da erleben wir den Bergfrühling in
Hochblüte und die Goldfarbe

der Herbstwälder in einer
landschaftlichen Harmonie, wie
man sie nur in den Voralpen
empfindet.
Da stehen im Südwesten und
Südosten die Zackengrate des
Karwendels und Wilden Kaisers, verziert mit den Silberli-
nien des Firns, den sie noch
tragen, davor die dichtbe-
waldeten Kuppen und Täler als
Reservoir der Stille, da und
dort ein kleiner See, als dun-
kelblauer Fleck in die Landschaft gebettet, im Schräglicht
glitzernd, funkelnd – bayeri-
sches Voralpenland.
Da wird Wandern zum unbe-
schwerten Vergnügen, unbelastet von irgendwelchen Gefah-

ren oder Problemen, wie wir sie von den Hochalpen her kennen. Da kann man mit den Sprößlingen durch die Landschaft ziehen und sorgenfrei das Detail am Wegesrand bewundern.

Für unterwegs

Das Fahrzeug lassen wir, wenn vorhanden, am besten gleich in Aurach – zwischen Schliersee (6 km) und Bayrischzell (9 km) stehen und fahren mit Taxi oder Bus ins Ursprungtal, genauer: zum »Schweren Gatter« (725 m, Bushaltestelle, 4 km von Bayrischzell), wo rechts der Fahrweg zur Sillberg-Alm abzweigt. Die Sillberg-Alm (1060 m) – daneben ein Gasthof – kostet uns einen Spaziergang von 25 Minuten. Dann entlang der Sillberg-Südseite taleinwärts, wo für wenige Minuten eine Forststraße benutzt wird; wir verlassen sie rechts aufwärts. Durch den Wald, vorbei an einem Wasserspeicher, kommen wir auf freies Almgelände und nach einer knappen Stunde zur Niederhofer Alm (ca. 1440 m) an der Maroldschneid-Südflanke. Der Weiterweg vollzieht sich fast in der gleichen Art, leicht ansteigend, bis zum ausgeprägten Südrükken des Auerspitz (1811 m), dessen lohnenden Aussichtsgipfel wir »mitnehmen«, weil die hübsche Fleißaufgabe nur 20 zusätzliche Minuten kostet; sehr schöner Blick zu Soinsee

Der Taubenstein vom Taubensteinsattel aus. Eine leichte Tour auch für Kinder.

(nordöstlich) und zur Rotwand (nordwestlich), an deren Südfuß wir auch schon das Rotwandhaus sehen, das wir nach einem halbstündigen Bergabbummel über die Kümpflscharte problemlos erreichen, 3¹/₂–4 Stunden vom »Schweren Gatter«.

Am nächsten Tag stehen wir schon nach einer halben Stunde – über den Weg der Südflanke – auf der höchsten der vier Rotwand-Erhebungen (1884 m, Gipfelkreuz), um den Ausblick ins schöne Voralpenland zu genießen. Nach der Gipfelpause am besten 10 Minuten auf dem gleichen Weg zurück, um die Wiesenflanke nach rechts (Westen) zum Weg in Richtung Taubenstein zu queren. Nach etwa 15 Minuten umrunden wir den Rotwand-Westpfeiler, kommen in den Kirchsteinsattel und über den prächtigen Lempersberg-Aussichtsweg nach 2 oder 2¹/₂ Stunden vom Rotwandgipfel auf den Taubenstein (1692 m), wo »verkehrsmäßig« meist Hochbetrieb herrscht.

Nach dem nördlichen Abstieg bringen wir den Bergbahnenbereich schnell hinter uns,

Rotwand-Taubenstein

wandern nördlich zur Schnitt-
lauch-Alm. Von ihr östlich aufs
Tanzeck und über den Aipl-
spitz-Westgrat, auf dem wir ein
wenig Fels in die Hände be-

kommen – ganz leicht – zum
Gipfel (1758 m), 1¹/² Stunden
vom Taubenstein. Der Abstieg
erfolgt nördlich durchs Au-
rachtal, 1¹/² Stunden.

*Oben: Blick von der Rotwand.
Rechts der Guffert von Südwesten gesehen.*

Guffert

Rofangebirge/Tirol,
Österreich

Der Guffert (2195 m) ist
eine Art Eiffelturm des
Rofan, ein typischer
freistehender Inselberg,
dessen Besteigung eine
ausgewachsene, aber
lohnende Bergtour dar-
stellt.
<u>Beste Zeit:</u> September –
Oktober
<u>Charakter:</u> leicht,
eindrucksvoll
<u>Gehzeit:</u> 7–8 Stunden
<u>Nächtigung</u> in Steinberg
oder in der Ludwig-
Aschenbrenner-Hütte

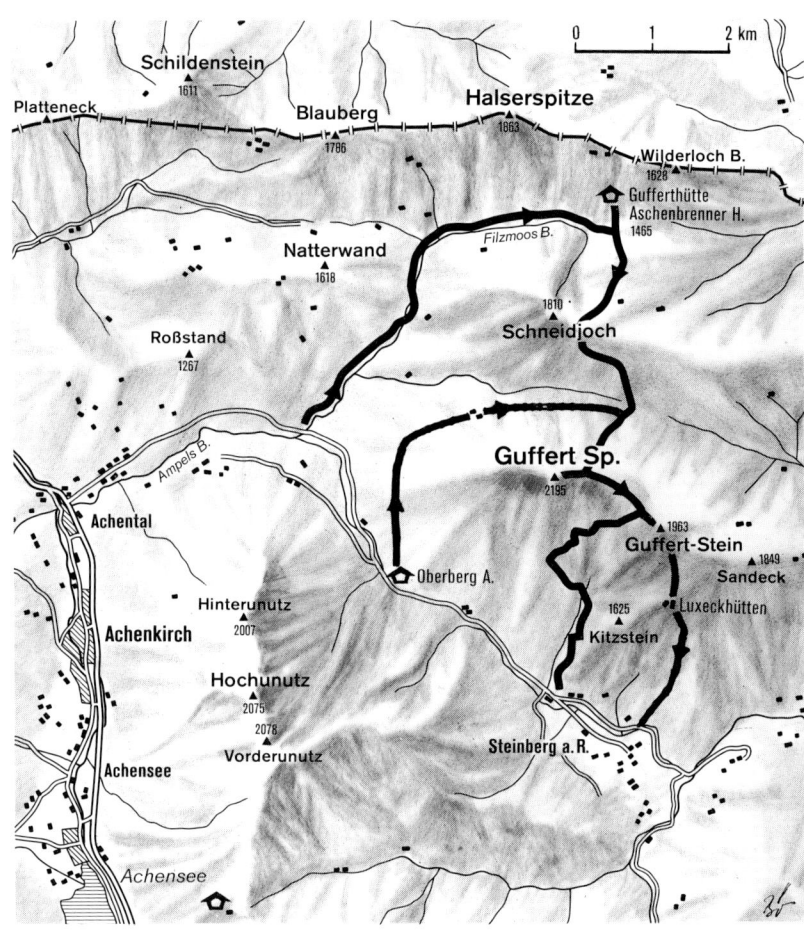

Das relativ kleine Rofangebirge
– auch Sonnwendgebirge – ist
eine Untergruppe der Bran-
denberger Alpen zwischen
Kiefersfelden (Osten) – Inntal
(Süden) – Achental (Westen).
Und der Guffert ist, besonders
von Westen gesehen, eine
kühn geformte Pyramide,
durch das Steinbergtal von der
eigentlichen Rofangruppe getrennt, und ein ungewöhnlich
lohnender Aussichtsberg, dessen Gefahrlosigkeit man ihm
gar nicht so recht zutrauen
will. Aber der Guffert, dessen
Südkante auch Kletterer sehr
schätzen, ist immer nur das
Ziel leistungsstarker Geher,

weil es keinen idealen Stützpunkt im Nahbereich des Berges gibt. Die Ludwig-Aschenbrenner-Hütte (1465 m) befindet sich zwar »nur« 4 km
(Luftlinie) nördlich des Gipfels,
aber man muß, um überhaupt
an den Berg zu kommen, 50
Höhenmeter ab-, über 400 Meter zum Schneidjoch auf- und
fast die gleiche Höhe wieder
zur Iss-Alm absteigen, um
endlich die 700 Höhenmeter
zum Guffertgipfel angehen zu
können; das sind vom Tal aus

insgesamt 1600 Höhenmeter –
ohne Hütte sind es nur 1200.
Das schließt nicht aus, daß der
Schneidjoch-Übergang sehr
schön ist. Aber wer den Guffert
auf die schnellste und mühelo-
seste Art »abhaken« will, packt
ihn gleich vom Tal, von Steinberg aus an.
Wie immer man ihn angeht,
der Guffert ist ein ungewöhnlich lohnender Berg, an dem
wir während des Aufstiegs wie
selten sonst in jeder Minute
das In-die-Höhe-Kommen be-

staunen können. Und die Gipfelrundsicht ist überwältigend, vor allem wegen seiner beherrschenden Abseitsstellung: im Norden die Bayerischen Voralpen, im Süden die düsteren Nordabbrüche der Rofan-Plateauberge und die vergletscherten Zentralalpen, im Westen die langen Karwendelgrate, im Osten die Zacken des Wilden Kaisers und tief unten das liebliche Hochtal von Steinberg – auf dem Guffert liegt einem buchstäblich die Welt zu Füßen.

Für unterwegs

Wer den Guffert im Rahmen einer Wochenendtour besteigen will, benutzt die Ludwig-Aschenbrenner-Hütte (1465 m) als Stützpunkt:
Vom Parkplatz (Tafel) an der Straße von Achental (4,5 km) nach Steinberg (8 km) auf Fahrweg entlang des Filzmoosbaches zur Hütte, 2½ Stunden. Am nächsten Tag wenige Minuten den gleichen Weg wieder zurück bis zur Abzweigung. Links weiter zu Tafel bei Jagdhütte (1433 m), Aufstieg zum Schneidjoch (1810 m), Abstieg südlich zur Iss-Alm (1413 m) und über die Nordflanke zum Gipfel, 3½–4 Stunden von der Ludwig-Aschenbrenner-Hütte.
Oder direkt vom Tal aus: Vom Gasthaus Oberbergalm (1029 m) an der Straße von Achental (8 km) nach Steinberg (4,5 km) gleich östlich der

Brücke auf bezeichnetem Weg hinauf in Wald und genau nördlich, zuletzt östlich über die Stubachalm (1371 m). Jetzt queren wir die felsige Nordflanke, die sehr beeindruckend wirkt, und gelangen zur Issalm, wo von Norden der Weg von der Aschenbrenner-Hütte einmündet, 1½–2 Stunden von der Bergalm. Der Weg über die Nordflanke zum Gipfel ist zwar gut angelegt, teilweise aber doch etwas ausgesetzt, so daß Trittsicherheit notwendig ist: An einer auffallenden Höhle vorbei, über die gesicherte »Tremel«-Wandstufe, durch Felskessel auf den Tremelkopf (Vorgipfel) und über Schrofen zum Gipfelkreuz, 3½ bis 4 Stunden von der Bergalm. Im Abstieg wieder über den Tremelkopf, danach aber südöstlich weiter zu Wegtafel; links

Blick in die Guffert-Südabstürze. Hinten Unnütz und Karwendelgebirge.

weiter, vorbei an der Schmiedtquelle, zur zweiten Tafel, wo wir wieder den linken Weg wählen. Kurzer Aufstieg zum Guffertstein (1963 m, Tafel) und rechts (südlich) hinab zu den Luxeck-Hütten (ca. 1640 m) auf einem schönen Plateau direkt überm Tal. Nun zunächst östlich weiter und – vorbei an einer Abzweigung nach links – südlich hinab zu den Wiesen von Steinberg-Unterberg (1000 m), das wir westlich auf einer schmalen Straße nach 20 Minuten erreichen, 2½–3 Stunden vom Gipfel; zum Fahrzeug bei der Bergalm sind es von hier nur noch 3,5 km oder 40 Minuten.

15 Unnütz

Rofangebirge/Tirol,
Österreich

Der Unnütz (2078 m)
ist bestimmt nicht un-
nütz, sondern ein über-
aus lohnendes, also
nützliches Wanderziel,
das keinerlei Probleme
aufwirft.
<u>Beste Zeit:</u> September –
Oktober
<u>Charakter:</u> leicht, auch
als Familientour gut
geeignet
<u>Gehzeit:</u> 7–8 Stunden
<u>Nächtigung</u> in der
Erfurter Hütte

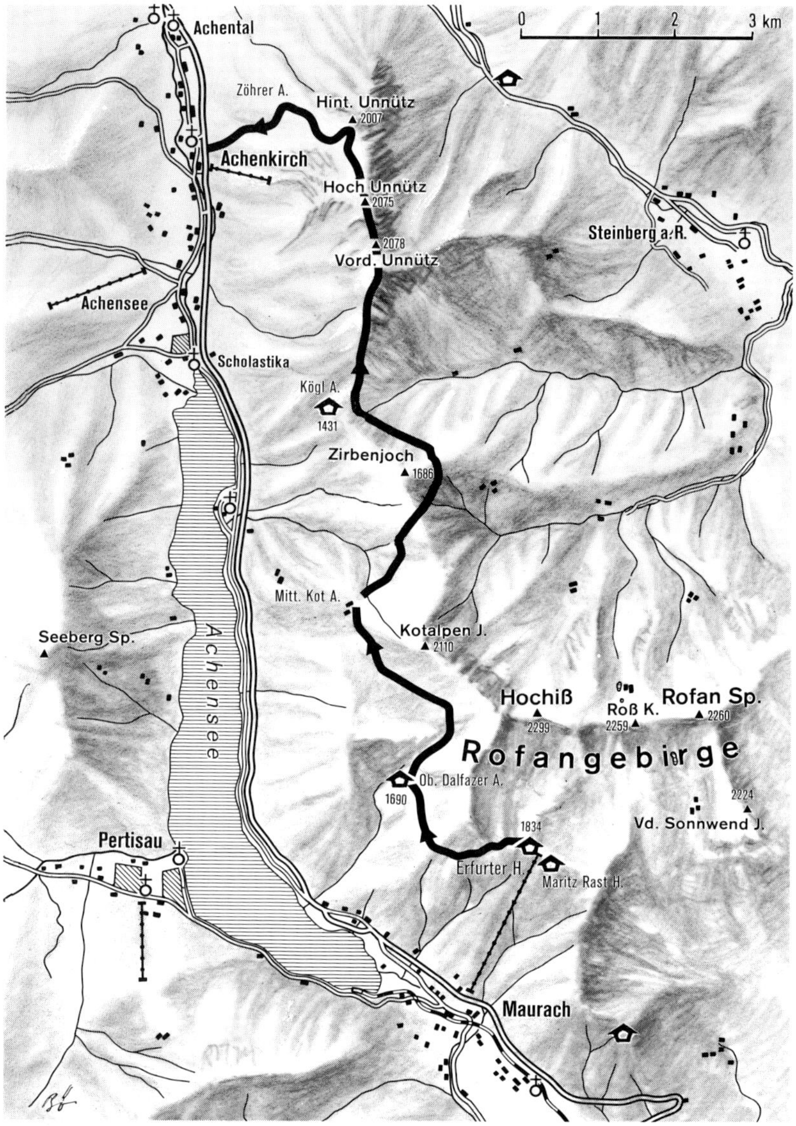

Genaugenommen sind es drei
Unnütze: Vorder- (2078 m),
Hoch- (2075 m) und Hinterunn-
nütz (2007 m), die in Nord-
Süd-Richtung als Kamm nördlich des Rofan-Hauptmassivs
aufragen; am Westfuß liegt
Achenkirch, östlich der Talkessel von Steinberg.
Die Unnütze erhielten ihre Namen in einer Zeit, in der man
die Berge vor allem hinsichtlich ihres Nutzwertes ein-
schätzte, in einer Zeit also, in
der man Bergwandern zum
Selbstzweck noch nicht
kannte. Heute sind die Unnütze wahre Schauberge, erst-
rangige Aussichtsberge, die
zudem auch noch sehr wenig

Kraftaufwand abverlangen,
wenn wir den Hauptanteil des
Aufstiegs der Rofanseilbahn –
von Maurach – überlassen. Die
ganze Wegstrecke hat zwar
eine Länge von rund 20 km,
aber es sind keine großen Hö-
henunterschiede zu bewältigen

*Rechts: Das Rothorn im Ro-
fangebirge am Weg Erfurter
Hütte – Dalfazer Alm.*

Unnütz

– und das ist beim Bergwandern entscheidend: Erfurter Hütte (Seilbahn) – Dalfazeralm – Kotalmtörl – Kotalm-Mitterleger – Kögljoch – Vorder- und Hochunnütz – Achenkirch heißen die wichtigsten Stationen; Aufstiegshöhenmeter erwarten uns zusammengerechnet 800. Man vergißt die zwanzig Kilometer und auch die Höhenmeter jedoch, weil sich das Landschaftsbild fast viertelstündlich ändert und dadurch ein ungewöhnlich abwechslungsreicher Höhengang erlebt wird. Da sind es die bizarren Kalkriffe des Rofans, die uns begeistern, dort – im Westen – die dunklen Karwendelwände, und tief unten im Tal die glitzernde Fläche des tiefblauen Achensees, auf dem wir winzige, sich ständig bewegende Farbtupfen erkennen: die weißen Achenseeschiffe, Segelboote und Windsurfer. Und das alles aus hoher Warte, umgeben von Zirben und Latschen und lieblichen Almwiesen. Noch nicht richtiges Hochgebirge, aber auch nicht mehr Voralpen – ein wohltuendes, beschwingtes Mittelmaß. Und der »Betrieb« ist auch erträglich, weil sich die meisten Seilbahntouristen nur im Nahbereich der Erfurter Hütte tummeln; am Abend herrscht auch hier Ruhe.

Für unterwegs

Um zur Erfurter Hütte (1831 m) zu kommen, genügt es, wenn wir eine der letzten Seilbahn-Kabinen (ca. 17 Uhr) erwischen, denn unser Stützpunkt befindet sich direkt bei der Seilbahn-Station. Bei gutem Wetter wird schon ein Abend vor der Erfurter Hütte zu einem Erlebnis. Wenn am nächsten Tag die Karwendelgipfel in vollem Licht stehen, sollten wir längst unterwegs sein, auch wenn wir die Tour zum Beispiel wegen schlechten Wetters an zwei Punkten problemlos und schnell abbrechen können. Von der Hütte zunächst wenige Minuten nördlich hinab, dann auf gut bezeichnetem Weg westlich zum Plateau der Durrawand, um die Rotspitze herum, und nördlich zur Dalfazer Alm (1693 m), 45 Minuten, Getränkeausschank (Notunterkunft). Dann nördlich durch die Wiesenmulde hinauf, zuletzt steil, ins Kotalmtörl (1976 m), das mit seiner wilden Felsumgebung auch als »Steinernes Tor« bekannt ist, 1 1/4 Stunden vom Dalfazer-Hochleger. Nun von der Einschartung nördlich hinab in den lieblichen Almkessel, zum Kotalm-Hochleger und -Mitterleger (1608 m), 1/2 Stunde. Bei der Hütte Abzweigung nach rechts – links Fahrweg zur Achensee-Straße – und nordöstlich, kaum merklich ansteigend, aufs Zirbenjoch (1627 m). Nun auf der Steinbergseite nordöstlich hinab zu Wegtafel (rechts zur Schmalzklausenalm) und links (nordwestlich) zum Kögljoch (1487 m), 45 Minuten. Schon sehen wir vor uns den Unnütz-Anstieg über die Südrippe: Von der Weggabelung im Sattel zuerst nördlich durch Wald (links mündet ein Weg von der Köglalm). Dann durch Latschen, über die grasdurchsetzten Schrofenkuppen zur Wegmündung von Steinberg (Tafel) und auf den Vorderunnütz (2078 m), 1 1/4 Stunden vom Kögljoch, wo uns ein prächtiges Panorama für alle Mühen belohnt.

Bis zum nördlich aufragenden Hochunnütz (2075 m) sind es nur 30 Minuten; den Hinterunnütz (2007 m) können wir uns sparen. Abstieg über die begraste Nordflanke.

Wir wählen den linken Weg, der steil hinabführt zur Raststätte Adlerhorst (1210 m, Wildgehege), 1 1/2 Stunden vom Hochunnütz. Nun entweder auf dem Fahrweg oder links auf Wanderweg hinab zur Aschenseestraße bei Achenkirch.

Karwendelgebirge/
Bayern–Österreich

Auf den Höhen der Nördlichen Karwendelkette erlebt man Einsamkeit und uriges Ödland – gleich nach dem Seilbahnbetrieb der Westlichen Karwendelspitze.
<u>Beste Zeit:</u> September – Oktober
<u>Charakter:</u> schwierig, ausgesetzt, teils weglos
<u>Gehzeit:</u> 11–12 Stunden
<u>Nächtigung</u> in der Hochlandhütte

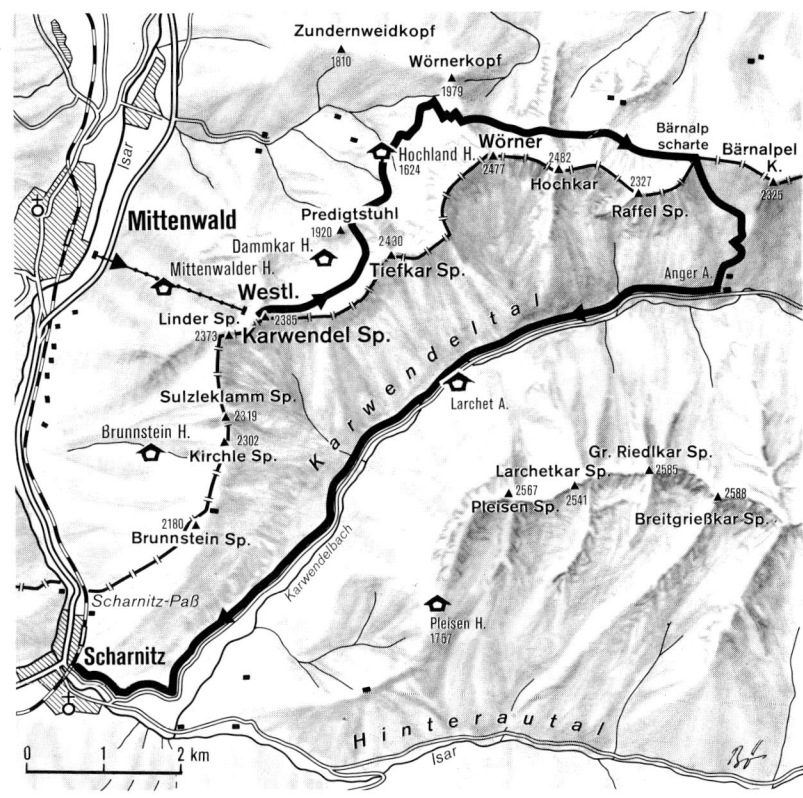

Die Nördliche Karwendelkette zwischen Mittenwald (Westen) und Johannestal (Osten) bildet den Grenzkamm zwischen Bayern und Österreich (Tirol) und vermittelt dem erfahrenen Hochgebirgswanderer ein sehr kontrastreiches Landschaftsbild: einmal ist es die Wildheit der meist einsamen Hochkare, in denen wir nicht immer einen guten Weg antreffen, zum andern sind es die sanften, ausgleichenden Linien der Bayerischen Voralpen im Norden, und schließlich das halbe Dutzend dunkelbrauner Flecken der Seen, die in den Talmulden eingebettet sind. Gewiß, in

der ersten Stunde müssen wir im Seilbahn-Nahbereich einige Lautstärke ertragen, aber gleich danach wird es ruhiger, einsamer: Karwendelseilbahn – Westliche Karwendelspitze (2384 m) – Dammkar – Predigtstuhl (1920 m) – Mitterkar – Hochlandhütte (1623 m) – Wörnersattel (1989 m) – Wörner (2476 m) – Kammleitenjoch – Bärnalplscharte (1793 m) – Angeralm (1313 m) – Scharnitz.
Die Tour wird um einiges entschärft, wenn auf den Wörner, der etwas Kletterei verlangt, verzichtet wird; der Wörner bietet aussichtsmäßig nicht

mehr als die Westliche Karwendelspitze, die sich mit ihrem gut gesicherten Weg jedermann zutrauen kann. Außerdem ist diese Karwendeltour keine Gipfelsammler-Route, sondern eine hübsche Möglichkeit, einige der ganz stillen Karwendelwinkel, in denen uns ein Hauch von Unberührtheit empfängt, zu erleben. Man sollte sich hier unbedingt an die empfohlene »beste Zeit« halten, denn die Hochkare haben alle Nordlage – und wer steile Nordhänge mit harten Altschneeresten kennt, weiß um ihre Gefährlichkeit; ein zunächst harmlos ausse-

Auf Karwendelhöhen

Links: Der Wörner in der Nördlichen Karwendelkette von Nordwesten. Rechts: Tiefkarspitze und Westliche Karwendelspitze.

hender Rutscher kann katastrophale Folgen haben. Ganz abgesehen von den Mühen, die uns schneegefüllte Hochkare bescheren, schaffen sie auch noch Orientierungsprobleme – kurz: im Herbst, wenn die Karwendelwälder in ihren schönsten Farben leuchten, ist die wahre Karwendelwanderzeit.

Für unterwegs

Wo sich das Geigenbauerdorf Mittenwald befindet, weiß jeder Alpenfreund deutscher Zunge. Am Ostrand des Ortes ist die Talstation der Karwendelseilbahn, die uns gleich 1330 Höhenmeter in zehn Minuten einbringt. Schon sind wir in der Karwendelgrube (2244 m) und die Westliche Karwendelspitze ist eine Sache von 30 Minuten: einige Serpentinen und Schrofen, die gut abgesichert sind. Ein mächtiges Gipfelkreuz schmückt die hohe Warte mit ihrem atemberaubenden Tief-

blick und dem großartigen Panorama.

Auf dem gleichen Weg wieder ein Stück zurück bis zur Abzweigung in Richtung Dammkar (10 Minuten). Nun nördlich über die Obere Dammkarscharte (2319 m) und nordöstlich durchs oberste Dammkar hinab zur Abzweigung beim »Brotzeitfelsen« nahe der Bergwachthütte nach rechts in Richtung Hochlandhütte. Aufstieg zum Predigtstuhl über Schuttflanke, zuletzt durch kurze Rinne, 1 1/2 Stunden von der Karwendelspitze. Nördlich hinab, die grasdurchsetzte Nordflanke der Tiefkarspitze querend, und durch eine Schlucht ins Mitterkar und zur längst sichtbaren Hochlandhütte, 40 Minuten vom Predigtstuhl (weniger Geübte steigen im Dammkar ab, an der Dammkarhütte vorbei, bis zur Wegtafel an der Waldgrenze: westlich, rechts, ins Mitterkar und zur Hütte, 1 1/2 Stunden von der Dammkarhütte).

Am nächsten Tag nordöstlich hinauf zum Wörnersattel (auch Steinkarlgrat, 1989 m), 1 Stunde. Der Wörner wird, wenn überhaupt – siehe Einleitung – über die grasdurchsetzte Westflanke in ganz leichter Kletterei, oft auf Steigspuren, bestiegen, 1 Stunde. Gipfelhamsterer, die es nicht lassen können, müssen auf der gleichen Route zum Wörnersattel zurück. Nordöstlich hinab ins Wörnerkar, das östlich durchquert wird, um aufsteigend das Kampenleitenjoch zu erreichen. Von ihm nordöstlich hinab, bis Gemswechsel östlich entlang der Nordabstürze zum Aufstiegsweg (Gjaidsteig) in die Bärnalplscharte – kurz Bäralpl – führen.

Der kaum markierte Gjaidsteig beginnt etwa 250 Meter westlich der Scharte unter den Raffelspitze-Wänden und führt über ein Felsband östlich ansteigend durch einige Rinnen, 2 1/2 Stunden vom Wörnersattel. Von der Scharte südlich hinab ins Bärnalplkar zu P. 1820, gleich danach den Weg in Richtung Karwendelhaus rechts verlassen und steiler Abstieg durch Wald zur Angeralm, 1 Stunde. Von hier in 1 1/2–2 Stunden durchs Karwendeltal nach Scharnitz.

Auf Karwendelhöhen

Karwendelgebirge/
Österreich, Tirol

Die Besteigung der
Birkkarspitze (2749 m)
gehört zu den bergstei-
gerischen Höhepunkten
im Karwendelgebirge
mit seinen langen
Graten und Riesen-
karen.
<u>Beste Zeit:</u> Mitte
August–Mitte Oktober
<u>Charakter:</u> unschwierig,
anstrengend

<u>Gehzeit:</u> 12–13 Stunden
<u>Nächtigung</u> im Karwen-
delhaus, dessen Zu-
gang allein schon
5 Stunden kostet.

Unsere Tour ist auf den Kar-
wendel-Hauptkamm gerichtet.
Er bildet die längste (40 km)
und mächtigste der drei großen Karwendel-Ketten und
streicht von West nach Ost
durchs Zentrum des Karwendels mit nur einem leicht be-
gehbaren Übergang: Vom Karwendelhaus (1765 m) durchs

*Rechts: Hinterautal mit Birk-
karspitze (M.) und Schlauchkar (l.).*

Schlauchkar hinauf in den
Schlauchkarsattel (2635 m)
und auf die Birkkarspitze, südlich durchs Westliche Birkkar
hinab ins Hinterautal, wo wir
die junge Isar mit ihrem glasklaren Wasser dahinplätschern
sehen.
Die Birkkarspitze ist der höchste Karwendelgipfel und das
Schlauchkar muß nicht unbedingt im Sinne des körperli-
chen »Schlauchens« verstan-
den werden. In den beiden
Hochkaren bekommt man den

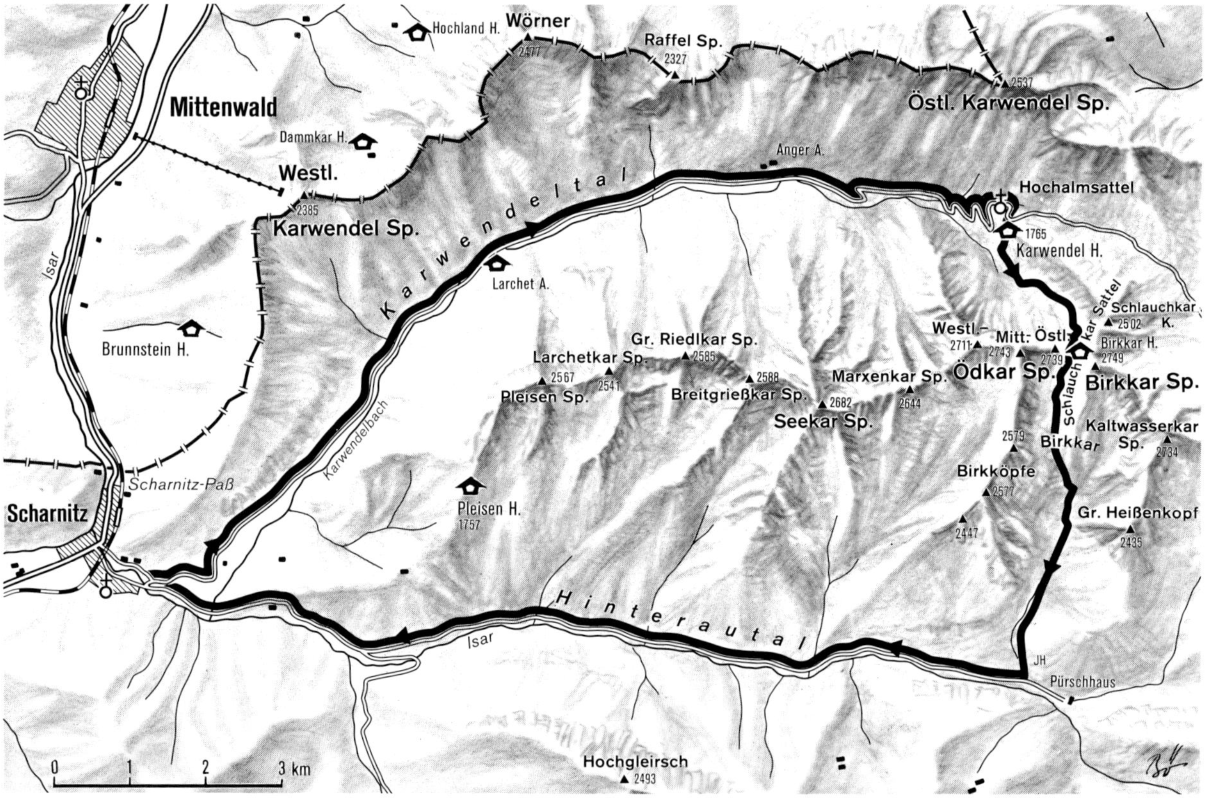

Schlauchkar-Birkkar

Eindruck, als sei die Erde gerade soeben geschaffen worden – und neben dem Gipfelkreuz der Birkkarspitze sitzend, brauchen wir viel Zeit, um das ganze Landschaftspanorama zu erfassen, zu begreifen: in unmittelbarer Nähe all die bekannten Gipfel und Wandfluchten des Karwendels; weit unten nordöstlich, über 1100 Meter tiefer, der Kleine Ahornboden, dessen Ahornkronen in der »besten Zeit« (Herbst) als winzige Goldkugeln heraufleuchten; im Süden der gleißende Zentralalpenkamm von den Hohen Tauern bis zur Silvretta.

Und wenn wir im Schlauchkar ein paar andere Leutchen antreffen – im Birkkar haben wir es meist nur mit Gemsen zu tun – und oft kreist über uns ein Adlerpaar. Auch für die Schlauchkar-Birkkar-Tour gilt die alte Karwendelregel: im Frühsommer nie. Schneegefüllte Hochkare sind ein Werk des Teufels und mühsam . . .

Im Schlauchkarsattel befindet sich die kleine Birkkarhütte als Unterstand bei plötzlich aufkommendem Schlechtwetter. Wer diese Tour hinter sich hat, kennt ein Stück echtes, ursprüngliches Karwendel, das ohnehin eine der interessantesten und geheimnisvollsten Berggruppen der Nördlichen Kalkalpen ist.

Für unterwegs

Ausgangsort ist Scharnitz (964 m) an der jungen Isar. Der Zugang durchs 17,5 km lange Karwendeltal zum Karwendelhaus ist lang (5 Stunden), jedoch kurzweilig und nur mit wenig Anstrengungen verbunden (Kenner machen den Hütten-Jeep oder ein Forstfahrzeug ausfindig). Das Karwendelhaus befindet sich westlich des Hochalmsattels (1803 m) am Fuß des Birkkarspitze-Nordwestgrates und bietet eine schöne Aussicht. –

Vom Haus (Wegtafel) südlich entlang der Westflanke des Schlauchkargrabens hinauf (Seilsicherungen), zunächst durch Latschen und über Hochweiden. Mit jeder Viertelstunde wird die Vegetation spärlicher; im eigentlichen Schlauchkar sind wir nur noch von Ödland umgeben, von Schutt und Schrofen. Aber der Weg ist gut angelegt und führt, am östlich aufragenden Schlauchkarkopf (2500 m) vorbei, in vielen Kehren, zuletzt südwestlich, hinauf in die tiefste Einschartung des Schlauchkarsattels, wo sich südseitig das Birkkarhüttl befindet.

Deutlich sieht man am Fußpunkt der Felsen den Beginn der gesicherten Steiganlage, die zuerst entlang des Westgrates, dann über die schrofige Südwestflanke zum Gipfel führt, 2¹/₂–3 Stunden vom Karwendelhaus.

Wieder zurück zum Birkkarhüttl, sehen wir südlich Steigspuren und Sicherungsanlagen – nahe der Westabstürze des Birkkarspitze-Südgrates – ins Westliche Birkkar hinabführen; mit ein wenig Trittsicherheit gibt es keinerlei Probleme – solange man die im oberen Teil etwas spärlichen Markierungen nicht aus dem Auge läßt. Unser nächstes Ziel ist ein markanter Latschenfleck weit unten, den wir nach vielen kurzen Kehren erreichen; westlich von ihm führt der Weg über Felsstufen hinab, quert unterhalb des Latschenkopfes nach links (Osten) und bringt uns hinab in den Birkbachgraben, der zur Westflanke durchquert wird; ihr entlang südlich hinab zum Hinterautal-Fahrweg, den wir 15 Minuten (1 km) westlich des Jagdhauses »Im Kasten« erreichen, 2 Stunden von der Birkkarspitze. Auf ihm durchs wildromantische Hinterautal – es ist viel kurzweiliger als das Karwendeltal – entlang der jungen Isar hinaus nach Scharnitz, das wir nach knapp 3 Stunden (13 km) erreichen.

Wer am Ende des langen Birkkar-Abstiegs »Gummiknie« spürt, wird vielleicht im Fahrzeug eines Jägers oder Försters mitgenommen.

Karwendelgebirge/ Österreich, Tirol

Mindestens fünf Gipfel auf einen Schlag ermöglicht der »Gipfelweg« hoch überm Inntal und pausenlos begeisternde Tiefblicke und Schau auf die Zentralalpen.
<u>Beste Zeit</u>: Juni und September–Oktober
<u>Charakter</u>: leicht, gefahrlos, nur an wenigen Stellen ausgesetzt
<u>Gehzeit</u>: 10 Stunden
<u>Nächtigung</u> in der Nördlinger Hütte oder im Solsteinhaus.

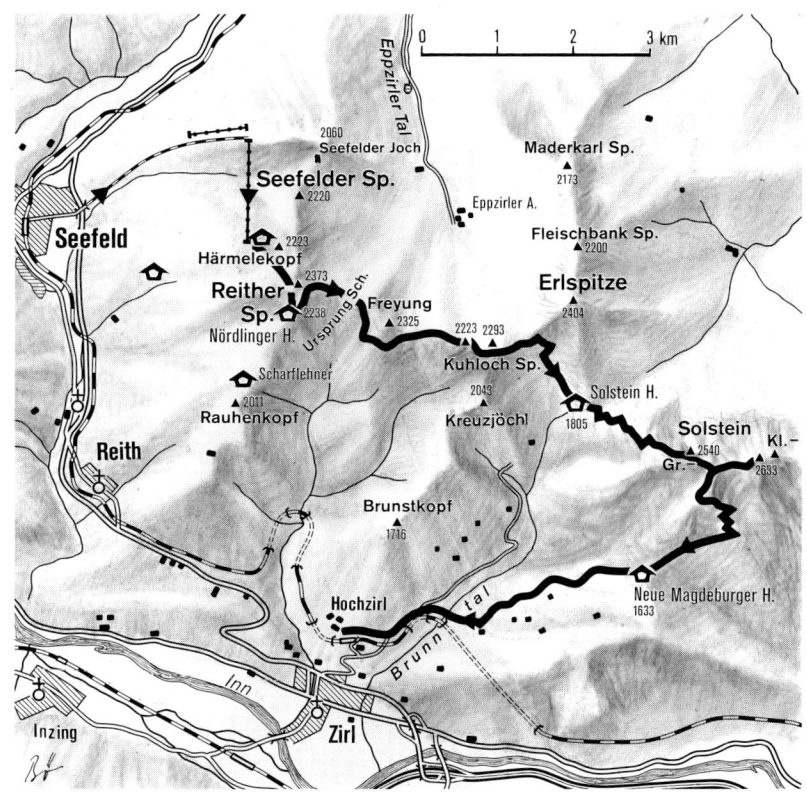

Die Überschreitung der Erlspitzgruppe und westlichen Inntalkette ist ein Gang über faszinierende Aussichtshöhen, wie man sie in dieser Vielzahl nur selten auf einem Weg geboten bekommt. Auf diesem Panorama-Höhenweg werden uns nicht nur neue Karwendelperspektiven eröffnet, nein, hier lernen wir auch ein großes Stück Tiroler Land kennen – fast wie aus einem Flugzeug, nur schöner, beschaulicher, nachhaltiger. Und im Süden, gar nicht mehr weit hinterm Inntal, leuchten die Gletscherflächen der Stubaier und Ötztaler Alpen.

Dabei ist der Karwendel-Gipfelweg mit keinerlei ernsthaften Schwierigkeiten verbunden, wenn auch da und dort eine etwas ausgesetzte Stelle, die Trittsicherheit verlangt, zu überwinden ist. Und von der relativ langen Gehzeit von zehn Stunden brauchen wir uns auch nicht sonderlich beeindrucken lassen. Denn der große »Aufstieg« wird uns von den Seefelder Bergbahnen abgenommen. Und wenn die Tour bereits am Vormittag des ersten Tages begonnen werden kann, dann lösen sich die

Sorgen um den Zeitaufwand ohnehin in Wohlgefallen auf – weil dann nämlich in der Nördlinger Hütte nur eine kurze Rast eingelegt und erst im Solsteinhaus nach 4 bis 5 Stunden genächtigt wird: Seefeld (1080 m) – Standseilbahn zur Roßhütte (1748 m) – Seilbahn zum Härmelekopf (2224 m) – Reither Spitze (2374 m) – Nördlinger Hütte (2239 m) – Solsteinhaus (1806 m) – Großer (2541 m) und Kleiner Solstein (2637 m) – Neue Magdeburger Hütte (1637 m) – Hochzirl (994 m). Bei Wetterüberraschungen kann die Tour vom Solsteinhaus gefahrlos nach

59

Karwendel-Gipfelweg

Karwendel-Gipfelweg

Links: Ausläufer des Karwendelgebirges von Seefeld aus. Rechts: Blick von der Reitherspitze auf Arnspitze und Wettersteinwand (hinten).

Hochzirl (1 1/2 Stunden) abgebrochen werden – und auch dann, wenn es einem hier schon »reicht«, was bestimmt keine Schande ist. Der Karwendel-Gipfelweg verläuft durchwegs südseitig, so daß er – nach einem sonnenreichen Frühling – auch schon im Juni begangen werden kann. In den Hochsommermonaten Juli und August dagegen kostet der Weg einigen Schweiß, denn die Südflanke der Inntalkette wirkt wie ein Sonnenspiegel.

Für unterwegs

Von Seefeld mit der modernen Standseilbahn zur Roßhütte und mit der Seilschwebebahn weiter bis auf 2034 Meter, so daß wir rund tausend Höhenmeter in einer guten halben Stunde »geschafft« haben. Von der Bergstation – immer auf gutem Weg – auf den nahen Härmelekopf, dann hinab zum Reither Joch (2179 m), wonach eine Steilstufe mittels Eisentreppe überwunden wird, um die Reither Spitze zu erreichen, und hinab zur Nördlinger Hütte, die eine großartige Aussichtswarte ist, 1 Stunde von der Härmelekopf-Bergstation. Ab hier nimmt uns der schön angelegte Freiung-Höhen-

weg auf: Von der Hütte in weitem Nord-Ost-Bogen entlang der Reither-Spitze-Südflanke zum Ursprungsattel (2096 m, Wegtafel), wo links (nördlich) ein Weg zur Eppzirlalm hinabführt. Die folgenden Wimmertürme werden südseitig umgangen, um bald in den Bereich der Freiungspitzen zu gelangen; sie können alle vom Weg aus problemlos in kurzer Zeit bestiegen werden.
Nahe des Freiunggrates entlang südöstlich zur Kuhljochscharte (2171 m, Gedenktafel). Von hier nordöstlich, die Südostflanke der Kuhljochspitze (2297 m) querend zu Wegtafel unterhalb der Eppzirler Scharte und hinab zum Solsteinhaus, 3 1/2 bis 4 Stunden von der Nördlinger Hütte. Der gut bezeichnete Weg auf die mächtige Felskuppe des Großen Solsteins, der in Wirklichkeit kleiner (niedriger) ist als der Kleine Solstein, kostet uns 2 Stunden: Erlalm, Latschenflanke, Schrofenzone, Gipfel-

kreuz – die einfachste Sache der Welt. Der östlich aufragende Kleine Solstein, Hauptgipfel der ganzen Inntalkette, ist vom Großen Solstein aus über eine Steiganlage in 1 Stunde zu erreichen; von ihm aus ist die vielseitigste Aussicht weit und breit geboten. Für den Abstieg müssen wir 15–20 Minuten auf dem gleichen Weg zurück bis zur ersten Abzweigung links hinab zur Neuen Magdeburger Hütte, die wir – ziemlich knielädiert – vom Kleinen Solstein in 1 1/2 Stunden in ihrer sehr hübschen, lieblichen Umgebung des Martinsberges erreichen. Hier können wir uns gut und gern »flüssige« Stärkung leisten, denn der Abstieg zum Bahnhof Hochzirl erfordert nur noch eine gute Stunde (gut beschildert), und von dort besorgt den Rücktransport nach Seefeld die Karwendel-Bahn (deren Fahrplan wir natürlich vor Antritt der Tour studiert haben).

19 Lamsenspitze

Karwendelgebirge/ Österreich, Tirol

Die Lamsenspitze (2508 m) gehört für einen Bergsteiger zu einem abgerundeten Karwendelbild, denn sie ist beherrschendes Ostbollwerk des Karwendel Hauptkammes.
<u>Beste Zeit:</u> September – Oktober
<u>Charakter:</u> schwierig ist nur die Lamsenspitze, sonst Familientour
<u>Gehzeit:</u> 9 Stunden
<u>Nächtigung</u> in der Lamsenjochhütte

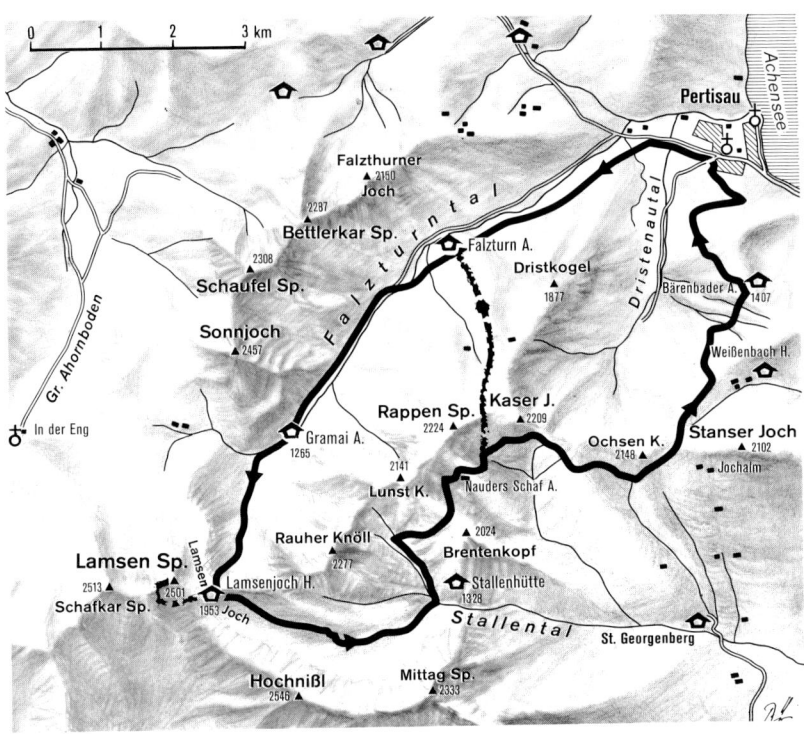

Das östliche Karwendel – wie die übrige Gruppe Naturschutzgebiet – vermittelt dem Berg- und Naturfreund ungewöhnlich starke Eindrücke: tiefe Täler, weite Waldböden, riesige, meist düstere Wandfluchten, bizarre Felstürme. Die Lamsenrunde hat nicht allein die Lamsenspitze als Höhepunkt, sie wird auch ohne diesem Gipfel zu einem bleibendem Erlebnis: Pertisau – Gramaialm im Falzturntal – Lamsenjochhütte – Lamsenspitze – Stallenhütte – Naudersalm – Kaiserjochsattel – Dristlalm – Falzturnalm – Pertisau. Da kann man gut mit der ganzen Familie losziehen, denn die Lamsenspitze, die leichte Kletterei verlangt, ist ohnehin nicht allein seligmachend. Und die übrige Route ist weitgehend harmlos.

Der Reiz dieser Ostkarwendellandschaft liegt nicht zuletzt in der Tatsache, daß es von der romantischen Umgebung des Achensees mitten ins Gebirge hinein nur ein Katzensprung ist, und die weiten Talböden des Falzturntales mit ihren riesigen Ahornen den berühmten Ahornböden nicht viel nachstehen. Und das letzte Drittel der Lamsenrunde verläuft über einen ausgesprochenen Panorama-First mit Ausblicken zum südlichen Achensee und

ins Rofangebirge. Allerdings sollte man das Gebiet in der Hauptferienzeit meiden, denn die Achensee-Nähe hat auch ihre Schattenseiten, zumal das 8 km lange Falzturntal durch eine Asphaltstraße (Linienbusverkehr) »erschlossen« wurde; offenbar im Interesse des Falzturnkönigs, der neben der Gramaialm einen Klotz von Alpengasthof errichten ließ.

Rechts: Lamsenspitze im Karwendelgebirge vom Falzturntal aus.

Lamsenspitze

Typisches Tiroler Bauernhaus bei Pertisau am Achensee.

Bis zur Gramaialm müssen wir also reichlich tolerant sein – und gleich danach ist aller Ärger über tirolerische Naturschutz-Ungepflogenheiten vergessen, wohl oder übel.

Für unterwegs

Von der Gramai-Niederleger-Alm (1263 m) im hintersten Falzturntal (8 km von Pertisau am Achensee) südwestlich über den Gramaier Grund (Wegtafel, Abzweigung nach rechts zum Gramai-Hochleger) in 2 Stunden zur Lamsenjochhütte (1953 m) südöstlich der Lamsenspitze.
Am nächsten Tag ist für trittsichere Geher die Lamsenspitze (2508 m) das nächste Ziel,

denn die Normalroute durch die Südwand-Turnerrinne ist an den steilsten Stellen drahtseilgesichert, Schwierigkeitsgrad I (leicht): Von der Hütte über schrofendurchsetzte Grashänge westlich hinauf, zuletzt über Schutt, zum Ostwandfuß. Von hier südlich entlang der Felsen und über eine Plattenstufe (Seilsicherungen) in die Lamsscharte (2270 m); westlich kurz hinab und auf Steigspuren im Schutt das Kar hinauf zum auffallenden Turnerkamin, durch ihn und in die linke (östliche) Rinne (Seilsicherungen) und an ihrer rechten Seite zum oberen Schuttkar, das zum Grat leitet; ihm entlang, meist im Schutt südseitig, zum Gipfel (Kreuz), 2 Stunden von der Lamsenjochhütte. Gipfelrundblick über das östliche Karwendel.

Der Abstieg erfolgt auf der gleichen Route hinab zur Hütte (1 Stunde). Nun östlich hinab durchs oberste Stallental zur Stallenhütte (1340 m), 1 Stunde. Von hier nördlich durch den Grubachgraben hinauf und nordwestlich durch die Ritzhalsmulde, um wieder nördlich die Naudersalm (1869 m) zu erreichen, 1 Stunde von der Stallenhütte. Jetzt zuerst ein wenig nach Osten und schon haben wir das kleine Hochkar vor uns, das nördlich zum Sattel zwischen Kaiserjoch (2198 m) und Rappenspitze (2223 m) eingelagert ist; der Aufstieg erfordert eine gute halbe Stunde (im Sattel Wegtafel, rechts führt der Weg über die Weissenbachalm nach Pertisau). Vom Sattel zuerst westlich, dann nördlich hinab ins Naudererkar, an einem kleinen See rechts vorbei, und über den ausgeprägten Gratrücken nördlich zur Dristlalm (1644 m). Von ihr schließlich nordwestlich steil hinab durch eine Waldmulde zur Falzturnalm (1089 m, Gasthaus), wo wir den Wandertag – »erfrischend« – ausklingen lassen können, denn von hier gibt es ständig Fahrgelegenheiten hinaus nach Pertisau (3 km). Und wer seine Kondition noch nicht völlig verausgabt hat, kann sich auch noch den Spaziergang nach Pertisau auf dem südlichen (für Autos gesperrten) Fahrweg nach Pertisau leisten (1/2 Stunde).

Bayerische Voralpen/
Bayern

Die Brauneck-Benedik-
tenwand-Überschrei-
tung vermittelt ein Vor-
alpenvergnügen ersten
Ranges. Eine Familien-
Idealroute.
Beste Zeit: Mai–Juni,
September–Oktober
Charakter: leichte
Familientour
Gehzeit: 5–6 Stunden,
kann gut an einem Tag
unternommen werden.

Die Benediktenwand (1801 m)
bildet mit dem Brauneck (1555
m) das nördlichste Bollwerk
der Bayerischen Voralpen zwischen Lenggries an der Isar
(Osten) und Kochelsee im Westen. Der etwa 10 Kilometer
lange Ost-Westkamm mit seinen sanften Linien und lieblichen Almmatten bricht nur im
Bereich der Benediktenwand –
»Benewand«, wie sie Kenner
nennen – steil gegen Norden
ab und bietet deshalb eine
großartige, aussichtsreiche
Wanderung auf hohem First.
Im Winter ist das Brauneck ein
richtiges »Weißeck« und auch
als »Arlberg der Münchner«
bekannt und beliebt – im
Sommer bildet das ganze
Massiv ein vielseitiges Wan-

derparadies mit ungewöhnli-
chem Blumenreichtum.
Aber weil die Isar- und Kochel-
see-Landschaft um Lenggries,
Bad Tölz und Benediktbeuren
nicht nur unter bayerischen
Bergfreunden beliebt ist, kann
man die Hochsommermonate
für dieses Gebiet vergessen,
denn die Brauneck-Gondel-
bahn – von Lenggries – sorgt
dafür, daß im Nahbereich der
Bergstation sich auch das
große Ferien-»Fußvolk« tum-
melt; im Frühsommer und
Herbst dagegen ist man in diesen Höhen wieder weitgehend
»unter sich«.
Dann bringt uns der Braun-
eck-Benewand-Höhenweg ein
beschauliches Erlebnis, ein ex-
zellentes Wandervergnügen.

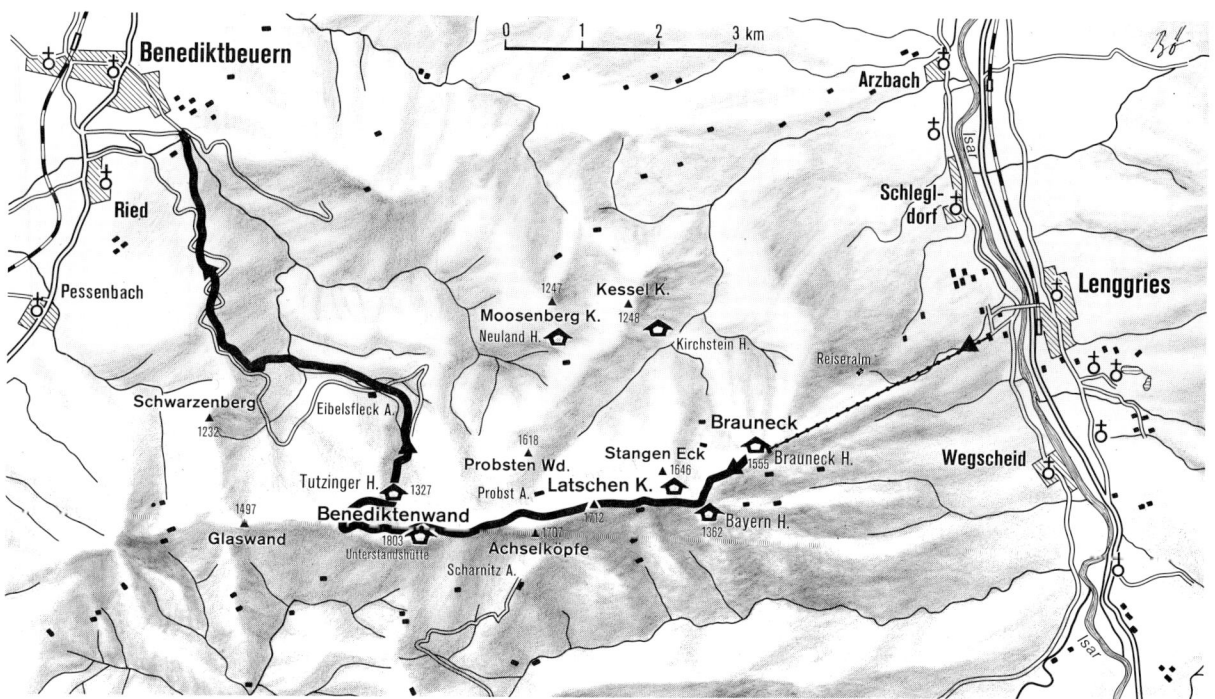

*Links: Blick über den Joch-
berggipfel auf die Benediktenwand. Rechts: Kloster Benediktbeuren.*

Da sieht man im breiten Leng-
grieser Tal den Silberstreifen
der Isar hinausziehen ins weite
Bayernland, sieht die dunkel-
grünen Waldkuppen im Nor-
den um den Blomberg herum,
im Süden die meist düster wir-
kenden Karwendelketten mit
ihren schattigen Riesenwänden
und langen Graten, und von
der Benediktenwand aus die
grünliche Fläche des Kochel-
sees mit seiner weitflächigen
Moorlandschaft und der ge-
zähmten Loisach – kurz: hier
erschließt sich uns ein Stück
der schönsten, harmonischsten
Alpenlandschaften Bayerns.
Und es gibt bergbegeisterte
Bayern, die ihrer Benewand
mindestens einmal im Jahr
aufs Haupt steigen; die Nordwand hat schließlich auch unter Kletterern, von denen wir
bestimmt einige in ihrem Me-
tier sehen werden, einen guten
Namen, weil sie schon früh im
Jahr und weit in den Herbst
hinein begehbar ist.

Für unterwegs
Die Talstation der Brauneck-
Gondelbahn befindet sich
1 km westlich vom Dorfrand.
Unweit der Bergstation be-
findet sich die Brauneck-
Gedächtnishütte (1540 m) der
Münchner Alpenvereinssektion
Alpiner Skiclub. Und wenn

man unserer Tour eineinhalb
Tage widmen will, wird am besten hier genächtigt – mit dem
Vorteil, daß wir anderntags,
wenn die ersten Gondelbahn-
Touristen eintreffen, längst
unterwegs sind und auf unserer Tour weitgehend Ruhe haben. Von der Hütte südwestlich
über den Wiesenrücken – immer auf gutem und bezeichnetem Weg – zur kleinen Erhebung des Schrödelsteins
(1548 m) und westlich weiter
über Stangeneck (1646 m) hinauf zum Vorderen Kirchstein
(1670 m). Nun südwestlich auf
dem linken Weg weiter aufsteigend auf den langgestreck-
ten Latschenkopf (1712 m) mit
schöner Aussicht. Dann westlicher Abstieg in die große
Mulde der Probstalm (1376 m),
die wir rechts unten liegenlas-
sen, und zuletzt steil links
(südwestlich) hinauf zum Gip-
felgrat der Benediktenwand
und zum Gipfelkreuz, neben
dem sich eine kleine Unterstandshütte befindet, 3 Stun-

den vom Brauneck.
Der Benewand-Gipfelsicht
müssen wir einige Zeit widmen; tief unten, unweit des
Nordwandfußes, sehen wir übrigens bereits die Tutzinger
Hütte (1327 m), die unser
nächstes Ziel ist. Zu ihr hinab
führen zwei Wege: der Ostweg,
dessen Abzweigung wir vor
der Benewand bereits gesehen
haben und der etwas schwieri-
ger ist als der Westweg, dem
wir uns anvertrauen. Entlang
der Westabdachung hinab zu
einer Weggabelung, an der wir
den rechten Weg wählen. Auf
ihm wird der Westfuß der Benewand umrundet, wonach
uns einige Wegkehren hinab
zur Tutzinger Hütte führen;
von hier aus sehen wir die Be-
newand-Nordwand in ihrer
ganzen Größe, vom Gipfel
1 Stunde. Abstieg nördlich in
die Eng und zur Eibelsfleckalm
(nicht auf Fahrweg), den
Eibelsbach entlang und zuletzt
auf dem Fahrweg nach Benediktbeuren, 1½ Stunden.

Bayerische Voralpen/ Bayern

Das Estergebirge gehört zu den einsameren Gruppen der Bayerischen Voralpen und seine Süd-Nord-Überschreitung gilt unter Kennern als echtes »Schmankerl«.
<u>Beste Zeit:</u> Mai–Juni, September–Oktober
<u>Charakter:</u> leichte Familientour
<u>Gehzeit:</u> 8–9 Stunden
<u>Nächtigung</u> im Krottenkopfhaus (Weilheimer Hütte)

Das Nord-Süd-Rechteck – 25 × 15 km groß – des Estergebirges wird im Süden von der Linie Garmisch-Partenkirchen – Wallgau, im Westen vom Loisachtal (Oberau und Eschenlohe), im Norden vom Kochelsee (Schlehdorf) und im Osten vom Walchensee begrenzt, aber nur die wenigsten Besucher etwa von Garmisch-Partenkirchen kennen den Namen dieses reizvollen Berggebietes – und noch weniger wissen, daß seine Überschreitung vom Wank über das Krottenkopfhaus und die Hohe Kisten eine der lohnendsten Wandermöglichkeiten in den

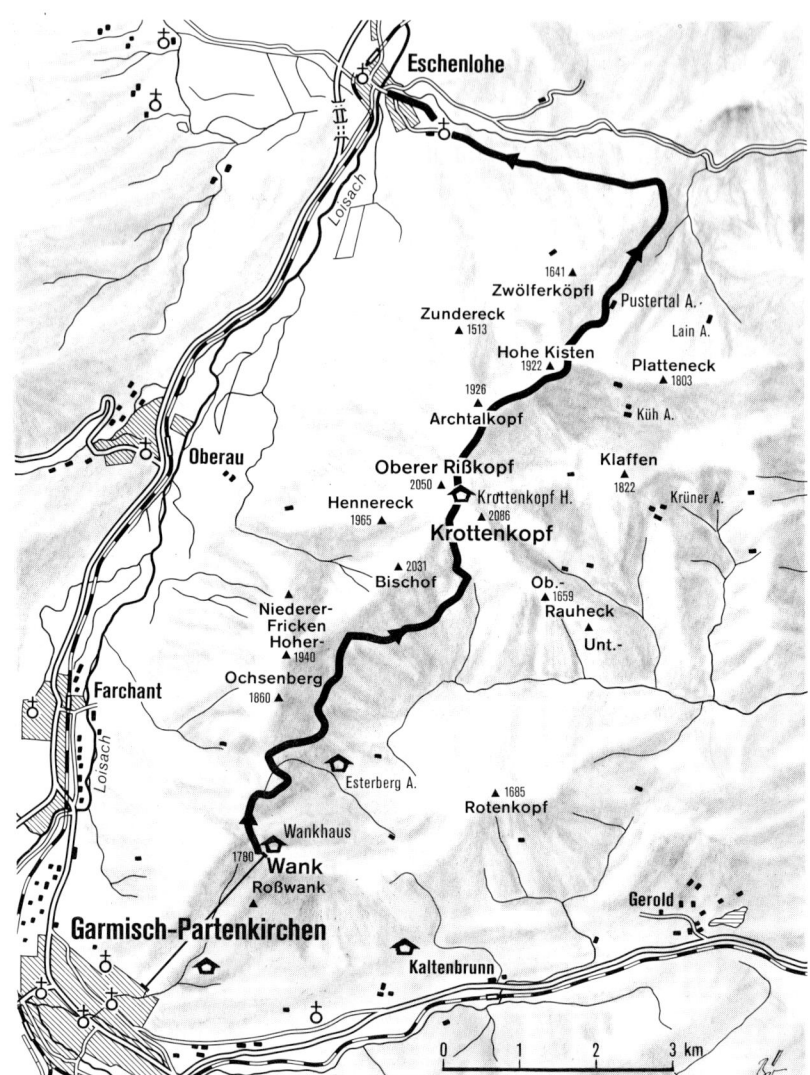

Bayerischen Voralpen darstellt. Für die meisten Besucher des lieblichen Werdenfelser Landes – Tiefparterre der Zugspitze – sind das halt die »Berge um den Wank herum«. Zugegeben, der Seilbahnberg Wank (1780 m) am Nordostrand des Olympiaortes Garmisch-Partenkirchen, seines Zeichens nur »Markt«, aber längst zu einer Alpenstadt angewachsen, dieser Wank ist ein vielbesuchter Aussichtsberg, auf dem es in der Hauptsaison reichlich turbulent zugeht. Wir benutzen seine Seilbahn, die innerhalb von zehn Minuten immerhin gut 1000 Höhenmeter »schluckt«, aber auch nur als Sprungbrett in die Ester-Höhen, um gleich anschließend eine traumhaft schöne Wanderung zu genießen, mehr oder weniger allein – und wenn schon mal ein anderes Grüppchen unterwegs ist, dann vollzieht sich alles meist in Ruhe, denn wer sich das Estergebirge vorgenommen hat, will genießend durch die Berglandschaft bummeln. Von der Aussicht her gesehen, wäre die Wanderung in umgekehrter Richtung schöner, aber auch unvergleichlich anstrengender und zeitlich länger (10–11 Stunden). So müssen wir, um das gigantische Hochgebirgspanorama des Wettersteingebirges im Süden zu bestaunen, immer wieder eine Aussichtsrast einlegen, denn gerade diese Ausblicke sind es, die Ester-Wanderer immer wieder begeistern. Im Westen öffnet sich uns die Bergwelt der Ammergauer Alpen, und von einigen Punkten aus ist sogar das Kloster Ettal als gelbes, winziges Spielzeugwerk zu erkennen. Von der Hohen Kisten aus wieder der blaue Fleck des Walchensees im Osten; im Norden schließlich der verspielte Staffelsee und die weite Fläche des Murnauer Mooses. Wer das Estergebirge durchwandert hat, kennt das Land der Werdenfelser, das schon König Ludwig II. zu seinen Lieblingsgebieten auserwählt hatte – und der wußte sehr wohl, wo's schön ist im Bayernland.

Für unterwegs
Vom Ortsteil Partenkirchen mit der Kabinenseilbahn auf den Wank (1780 m), auf dem sich das ganzjährig bewirtschaftete Wankhaus (DAV) befindet. Nordwestlich und nördlich auf einem gut angelegten (bezeichneten) Serpentinenweg 500 m hinunter zur Weggabelung (rechts geht's zur nahen Esterbergalm) und links (westlich) zur Einsattelung des Predigtstuhls (1279 m). Nun scharf nordöstlich durch den Wald hinauf in die Ostflanke des Hohen Fricken (1940 m) und nördlich, immer leicht ansteigend, zum Ausläufer seines Nordostgrates. Jetzt wenige Minuten nordwestlich hinab und nach rechts durch die Bischof-Nordwestflanke. Dann entlang des Gipfelgrates von Henneneck (1964 m), Kareck (2046 m) und Rißkopf (2049 m) zum Krottenkopfhaus (Weilheimer Hütte,

Oberau am Fuße des Estergebirges mit Krottenkopfmassiv.

1955 m), 3 Stunden vom Wank.
Am nächsten Tag ist die Besteigung des Oberen Rißkopfes über den Südostgrat eine gemütliche Sache von 30 Minuten. Vom Gipfel gleich nordwestlich hinab zum Weg in Richtung Hohe Kisten. Auf ihm erreichen wir fast ohne Steigung den Abbruchrand des wilden Archtales, von wo ein harmloser Weg durch Latschen auf den Gipfel führt, 1 1/2 Stunden vom Oberen Rißkopf. Am besten wieder auf dem gleichen Weg hinab und östlich etwa 10 Minuten zum »Gatterl«, einem Sattel zwischen Hohe Kisten und Platteneck (1804 m). Nördlich des Gatterls (rechts mündet der Walchenseer Steig) steil

über Geröll und Latschen hinab ins Kistenkar (Sicherungsanlagen) und zur Pustertalalm (1220 m). Nun an der linken Flanke dieses engen Hochtales hinab durch Wald zu

Forststraße und auf ihr zuerst nördlich, dann nordwestlich nach Eschenlohe, wo es einige besonders gute und typische Landgasthöfe gibt, 2 Stunden von der Hohen Kisten.

Oben: Nebelmeer unter dem Wank über Partenkirchen. Rechts: Waxensteinkamm (M.) und Zugspitze (r.).

Durchs Höllental

Wettersteingebirge/ Bayern

Der Weg durchs Höllental und über die Riffelscharte zum Eibsee ist ein Gang durch eine erregende Felslandschaft im Herzen des Wettersteingebirges.
Beste Zeit: September – Oktober
Charakter: ausgesetzter Klettersteig
Gehzeit: Mit Südlicher Riffelspitze 7 Stunden
Nächtigung in der Höllentalangerhütte

Das tiefe und wilde, über fünf Kilometer lange Höllental, das seinem Namen Ehre macht, ist östlich des gewaltigen Zugspitzmassivs zwischen Waxenstein- und Blassenkamm eingelagert. Es mündet mit dem Hammersbach beim gleichnamigen Ort und südwestlich von Garmisch-Partenkirchen ins Tal der jungen Loisach und gehört zweifellos zu den eindrucksvollsten Hochtälern der Nördlichen Kalkalpen. Die teilweise noch begrünte Talsohle im Höllentalanger ist das Zentrum eines unglaublichen Felsamphitheaters. Da sind die düsteren und zerrissenen Nord-

abstürze von Hochblassen und Höllentalspitze und die bizarren Gipfel und Türme der Riffelköpfe und das Felswirrwarr der Waxensteine. Im oberen Höllentalstockwerk gibt es sogar einen kleinen Gletscher – Höllentalferner –, der seine Existenz dem Schattenloch am Zugspitz-Ostfuß verdankt. Apropos Zugspitze: Einer der drei gebräuchlichsten Zugspitz-Anstiege führt durchs Höllental übers berühmte »Brett« – wir werden es aus nächster Nähe sehen –, den Höllentalferner und die 450 Meter hohe Höllentalwand auf Deutschlands höchsten Berg.

Aber diesen Weg, der übrigens oft unterschätzt wird, überlassen wir während des Hochsommers dem großen Ferienvolk. Auch im September und Oktober werden wir im Bereich der wildromantischen Höllentalklamm oberhalb von Hammersbach viele Touristen antreffen, denn die Klamm gehört nun einmal zu den imposantesten Alpenschluchten, die von jedermann gefahrlos begangen werden kann. Deshalb ist die Höllentalklamm-Steiganlage auch schon 1884 von der Alpenvereinssektion München, die das Wettersteingebirge zu ihrem Hauptarbeitsgebiet gewählt hatte, erbaut worden. Im gleichen Jahr entstand auch die Steiganlage über die Riffelscharte zum Eibsee – die Bayern hatten also schon ihre Klettersteige, als man in den Dolomiten, der heutigen Klettersteige-Hochburg, den Begriff »via ferrata« noch gar nicht kannte. Aber der Riffelscharte-Weg ist nur an wenigen Punkten etwas ausgesetzt; für schwindelfreie und trittsichere Berggeher ist er nichts als eine hübsche Spielerei. Nicht viel mehr auch die Besteigung der Südlichen Riffelspitze (2262 m) aus der Riffelscharte, die insgesamt nur eine zusätzliche Stunde kostet und eine prächtige Aussicht erschließt; diesen Gipfel sollten wir uns wirklich nicht entgehen lassen.

Für unterwegs

Von Hammersbach (755 m) bei Garmisch-Partenkirchen – Busverkehr und Station der Bayerischen Zugspitzbahn – am schönsten auf dem Unteren Klammweg entlang des Hammersbaches zur Klammeingangshütte (1045 m), 45 Minuten, und weiter, immer der orographisch linken Schluchtseite folgend, zur Höllentalangerhütte (1379 m, kurz Höllentalhütte) in ihrer großartigen Umgebung, 2 Stunden.

Wer den klassischen Höllentalzugang irgendwann schon abgehakt hat, kann sich den aussichtsreichen und sehr kurz-

weiligen Zugang mit Hilfe der Alpspitz-Seilbahn von Garmisch-Partenkirchen leisten: Von der Bergstation am Osterfelder Kopf (2050 m) östlich entlang der Hochalmbahn hinab und bei Wegtafel links (nordwestlich) ins Hupfleitenjoch (1754 m) und von ihm westlich hinab (Drahtseile) zu den Knappenhäusern (1526 m) und zur Höllentalhütte, 1 1/2 Stunden.

Am nächsten Tag auf gut bezeichnetem Weg leicht ansteigend, teils über Geröll, in den Talhintergrund und rechts hinauf zum Beginn der Felszone, wo auf eine Wegtafel zu achten ist (links führt der Weg übers »Brett« in Richtung Zugspitze). Rechts weiter durch eine Felsverengung (Drahtseile), dann über Kehren hinauf und, weniger steil, nach links in die unterste, etwas begrünte Riffelkarmulde. Am Geröllrand nach rechts, wenig später wieder scharf nach links und hinauf in die obere Kar-

Waxensteinkamm von der Zugspitze mit Riffelspitzen.

mulde, aus der die Riffelscharte (2161 m) problemlos erreicht werden kann, 2 Stunden.

Von der Scharte nordöstlich über den leichten Grat auf die Südliche Riffelspitze (2262 m), 30 Minuten, und auf der gleichen Route wieder hinab zur Scharte. Nun von der Riffelscharte zunächst, etwas ansteigend, westlich um die Riffelkopf-Nordseite, dann quer über plattigen Fels (Drahtseile) und hinab zur riesigen Riffelriß-Geröllhalde. Auf ihr links abwärts zu begrüntem, weiter unten bewaldeten Rücken, über den ein bequemer Weg zur Station Riffelriß (1639 m) der Bayerischen Zugspitzbahn führt, 1 Stunde. Die weitere »Tour« nach Eibsee, Hammersbach oder Garmisch kann man guten Gewissens der Bayerischen Zugspitzbahn überlassen.

Wettersteingebirge/
Bayern

Das kleine Oberreintal
im östlichen Wetter-
steingebirge ist eine
einzigartige Felswild-
nis, die in der Regel nur
Kletterer besuchen – für
die Wanderer eine
atemraubende Land-
schaft.
<u>Beste Zeit:</u> September –
Oktober
<u>Charakter:</u> leichte
Familientour
<u>Gehzeit:</u> 8–10 Stunden
<u>Nächtigung</u> in der
Oberreintal- oder
Meilerhütte

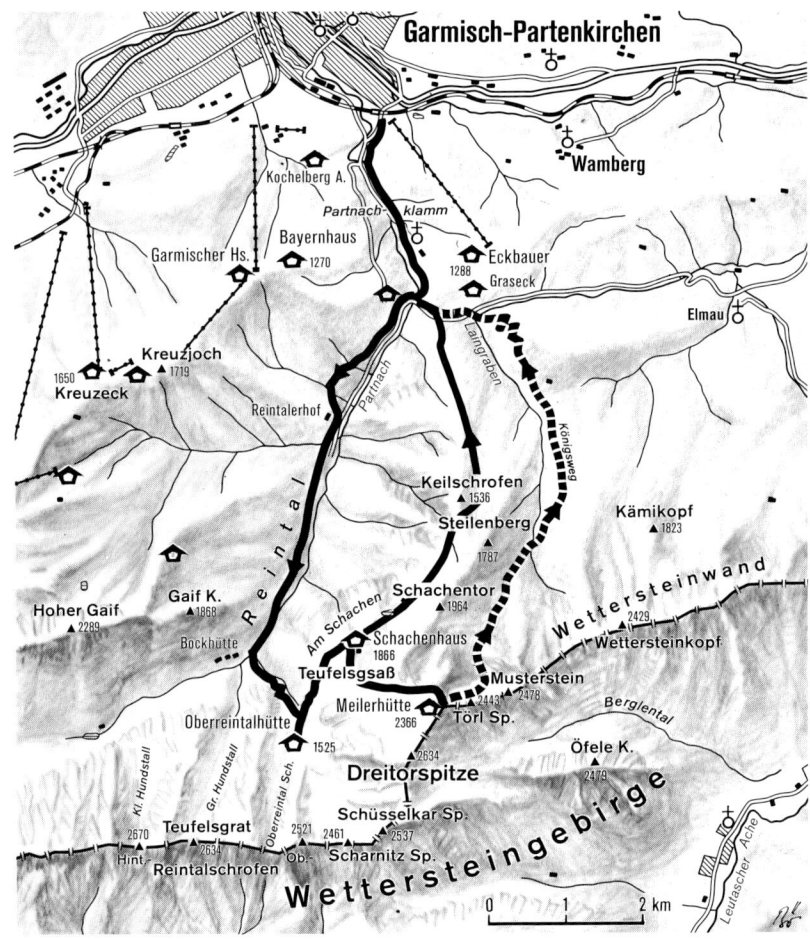

Wir müssen uns gleich vorweg
damit abfinden, daß hier allein
der Weg das Ziel ist und kein
Gipfel auf die Schnelle »mitgenommen« werden kann.
Der Felskessel des Oberreintals bildet jedoch eine so faszinierende Landschaft, daß wir
hier nicht unbedingt auf einen
Gipfel steigen müssen, um
durch ein starkes Erlebnis be-
reichert zu werden, nein, hier
genügt die bizarre Felsenwelt,
die wir durchschreiten. Südlich
von Garmisch-Partenkirchen
ergießt sich die tobende Partnach durch ihre schmale Fels-

klamm aus den Bergen ins of-
fene Land. Der Weg durch die
Partnachklamm ins Reintal ist
an schönen Sommertagen von
turbulentem Betrieb begleitet.
Zwischen den reinen Part-
nachklamm-Touristen sieht
man oft junge Leute mit den
typischen Kletterrucksäcken,
die sich durch das Klammge-
wühle schlängeln. In Richtung
Oberreintal, wo die kleine
Oberreintalhütte, von uralten
Ahornbäumen beschattet, be-

liebtes und geliebtes Quartier
der Münchner und Werdenfelser Kletterer ist.
Das riesige Felsamphitheater
Oberreintal ist eine Hochburg
des extremen Bergsteigens,
auf deren Gipfel und Türmen
für Anfänger oder gewöhnli-
ches Alpenfußvolk kein Platz

*Rechts: Schüsselkarspitze (l.)
und Unterer Schüsselkarturm
im Wettersteingebirge.*

Felswildnis Oberreintal

ist, weil es in der Regel nicht einmal den Weg zu diesem alpinen Kleinod findet. Denn die Wegtafel nach acht Kilometern im Reintal, das zum Zugspitzplatt führt, ist meistens nicht da! Und Gebietsfremde, die den Trick der Oberreintal-Enthusiasten nicht kennen, laufen an der unauffälligen Abzweigung garantiert im Haupttal in Richtung Zugspitze weiter. Aber wenn man diese unglaubliche Felsszenerie dann endlich doch vor sich hat, kann man verstehen, daß seine Liebhaber dieses Hochtal ganz einfach für sich allein haben wollen.

Natürlich werden »normale« Bergsteiger, die sich wandernd ihr Glück erobern, im Oberreintal nicht wie Aussätzige behandelt, aber es ist gut zu wissen, daß diese Felsenwelt das Reich der Kletterer ist. Wer in diesem Gebiet unbedingt einen »Normalgipfel« mit nach Hause bringen will, benutzt die Oberreintalhütte nur als Raststützpunkt und steigt weitere 2¹/₂ Stunden zur Meilerhütte auf, um von dort anderntags den Partenkirchner-Dreitorspitze-Westgipfel (2633 m) auf dem leichten Hermann-von-Barth-Weg in 2 Stunden zu besteigen. Dann allerdings wird die ganze Tour zu einem anstrengenden Un-

ternehmen. Ohne Meilerhütte und Dreitorspitze haben wir es mit einer bezaubernden Familientour zu tun.

Für unterwegs

Vom Garmisch-Partenkirchen-Olympia-Skistadion südlich auf Fahrstraße zum Eingang der Partnachklamm und durch sie ins Reintal, das im unteren Teil in den letzten Jahren leider durch eine Forststraße »erschlossen« wurde.

Gute zwei Stunden nach Garmisch-Partenkirchen steht uns ab der Hinterklamm wieder ein richtiger Wanderweg zur Verfügung – und da heißt es aufgepaßt: etwa einen Kilometer oberhalb der kleinen Brücke über die Partnach, zweigt der Weg ins Oberreintal links (südlich) im Wald nicht sehr auffallend ab (10 Minuten weiter taleinwärts befindet sich die Bockhütte). Aber ist der Weg einmal gefunden, kann man ihn kaum mehr verlieren: er führt steil in vielen Kehren den Hochwald hinauf und nach 4¹/₂ Stunden zur Oberreintalhütte, deren Landschaft jeden begeistert.

Am nächsten Tag auf dem gleichen Weg etwa 10 Minuten zurück zur Abzweigung des Schachenweges und auf ihm steil über viele Kehren hinauf

zum Schachen (1866 m, 1 Stunde), wo König Ludwig II. ein Jagdschloß erbauen ließ (besuchenswert). Etwas unterhalb des Königshauses befinden sich das private Schachenhaus (Gasthof) und ein Alpengarten. Westlich der Häuser die berühmte Aussichtswarte des Schachenpavillon auf einer senkrecht ins Reintal abbrechenden Felskanzel (Belvedere); einer der lohnendsten Aussichtspunkte des gesamten Wetterstein- gebirges.

Zur Meilerhütte sind es von hier noch 1¹/₂ Stunden (guter, bezeichneter Weg), aber ihr Besuch lohnt sich nur als Nächtigungsstützpunkt für die Besteigung der Partenkirchner Dreitorspitze. Denn der Abstieg nach Garmisch-Partenkirchen über den Königsweg und Kälbersteig ist noch lang genug: Vom Schachen auf schmalem Fahrweg (Königsweg) zum Steilenberg (1770 m), wo der Fahrweg links hinab verlassen wird. Durch Wald zum Keilschrofen (1535 m) und weiter nördlich hinab zum Kälberhüttl, wo von Osten ein Fahrweg mündet. Nun nordwestlich auf dem Kälbersteig über den »Schwarzen Schrofen« zum bereits bekannten Partnachklamm-Weg und nach Garmisch, 2¹/₂–3 Stunden.

Ammergauer Alpen/ Bayern

Der Kramer ist nur 1985 Meter hoch, aber seine Besteigung wird zu einem Panoramagang par exellence, den sich nur konditionsstarke Geher vornehmen sollten, denn es gibt keine Hütte.
<u>Beste Zeit:</u> Mai–Juni, September–Oktober
<u>Charakter:</u> leicht, aber anstrengend
<u>Gehzeit:</u> 6–7 Stunden für 1250 Höhenmeter Auf- und Abstieg

Der Kramer ist ein gewaltiger Bergklotz mit mehreren Erhebungen und mit einer Ausdehnung von vier mal vier Kilometern nordwestlich von Garmisch-Partenkirchen und bildet den Südostpfeiler der Ammergauer Alpen; der Kramerspitz (1985 m) bildet den Hauptgipfel. Das gesamte Massiv ist Naturschutzgebiet.
Befände sich der Kramer weiter nördlich in den Bayerischen Voralpen, wäre er bestimmt – ähnlich wie das Brauneckgebiet – mit Hütten und bestimmt auch mit einer Seilbahn erschlossen, denn er ist ein ganz ungewöhnlich imposanter Aussichtsberg. Aber er steht eben im Schatten der viel höheren und vor allem berühmteren Zugspitze, von deren Gipfel man zum Kramer tief hinab schauen muß. Doch wer mit einer der drei Zugspitzbahnen Deutschlands höchsten Gipfel »bezwingt«, weiß gar nicht, wie die Zugspitze mit ihren Riesenwänden und gewaltigen Graten aussieht. Dieses erlebnisreiche Erkennen vermittelt der Kramer wie kein anderer Berg nördlich des Wettersteingebirges. Denn am Kramer kann man sich mit der Zugspitze duzen, da entdeckt man plötzlich Details, die von nirgendwo anders einzusehen sind – fern des meist lauten Zugspitzbetriebes, über den wir uns am Kramer erhaben fühlen.

Den Kramer kann man ohne weiteres auch mitten in der Hochsaison, wenn es im Werdenfelser Land vor Fremden nur so wimmelt, angehen, denn die Besteigung verlangt vollen Konditionseinsatz, weil 1250 Höhenmeter hinauf und hinunter kein Pappenstil sind – viele können eine solche Tagesleistung gar nicht vollbringen. Deshalb sind wir am Kramer weitgehend allein unter-

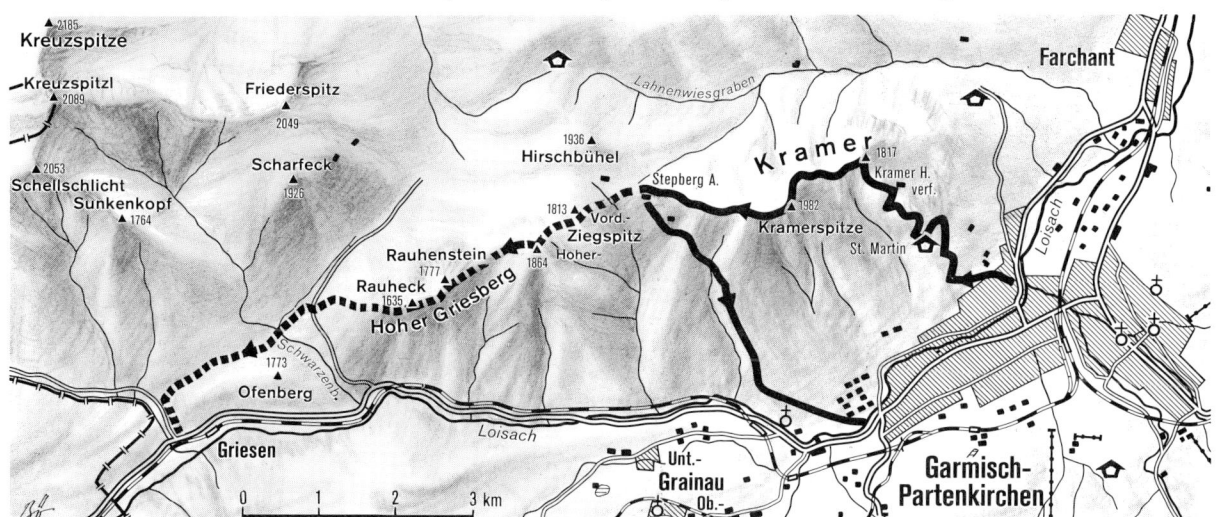

*Links: Altes Haus in Garmisch.
Rechts: Kramer-Ausblick
gegen Norden zum Etta-
ler Manndl.*

wegs. Aber der Weg ist gut
angelegt und der Aufstieg sehr
kurzweilig, so daß die Höhen-
hunderter überraschend
schnell unter uns kommen. Und
zuletzt, wenn wir den eigentlichen Kramersteig auf dem
phantastischen Aussichtsfirst
erreicht haben, sind wir froh,
daß dieser Bergraum hütten-
frei geblieben ist. So erleben
wir eine ursprüngliche Berglandschaft, auch wenn der
Kramer nicht einmal ein Zwei-
tausender ist.

Am Kramer gilt es aber mehr
als anderswo, mit entsprechen-
der Gewissenhaftigkeit ans
Werk zu gehen, vor allem wegen der Wettergefahren. Denn
das hohe und weite Zugspitzmassiv bildet gegen Norden
eine richtige Wetterbarriere,
ähnlich wie das berühmte Drei-
gestirn Eiger–Mönch–Jungfrau
in den Berner Alpen: innerhalb
kurzer Zeit können sich hier
lokale Gewitter bilden – und
da wird's auf dem Kramergrat
reichlich unfreundlich. Also
müssen wir uns mit warmer
Kleidung und Regenschutz dagegen wappnen. Oder die Tour
frühzeitig abbrechen.

Für unterwegs

Da wir keine Hütte als Nächtigungsstützpunkt haben, verlassen wir Garmisch-Partenkir-

chen im ersten Licht. Und zwar
am Nordostrand des Ortstei-
les Garmisch in Richtung
Gasthaus St. Martin, bald den
Kramerplateau-Weg (Tafeln)
kreuzend, um nach einer
knappen Stunde die schön ge-
legene St.-Martin-Wirtschaft
(ca. 1000 m, keine Nächtigungsmöglichkeit) zu erreichen.

Unsere Route ist zunächst ein
alter Reitweg, so daß ab St.
Martin ein Verhauer kaum möglich ist: Durch Wald in Kehren
hinauf, über die Steilstufe der
Schwarzen Wand, dann weniger steil aufwärts. nach weiteren 1½ Stunden kommen wir
über Serpentinen an die Waldgrenze und wenig später in das
Joch zwischen Kramerspitz und
P. 1817. Nun westlich, nahe

dem Kamm entlang, hinauf zur
Erhebung P. 1833, dann über
die Nordostflanke hinauf zum
Kamm, eine Scharte überque-
rend und nordseitig den Wänden entlang, um über die West-
seite des Nordrückens den Gipfel zu erreichen, 3 Stunden von
St. Martin. Vom Gipfel westlich
hinab, zuerst über Schutt, und
meist etwas südseitig dem
Kamm entlang, bald durch Latschen und dann über freie
Grashänge zur Stepbergalm
(1589 m), 40 Minuten vom Gipfel. Nun auf dem Stepberg-
Alpensteig südöstlich hinab zum
Kramerplateau und zurück nach
Garmisch (gut beschildert). 1½
Stunden von der Stepbergalm.

Mieminger Gebirge/
Österreich, Tirol

Die Mieminger Berg-
welt zu duchwandern,
ist eine Sache für alpine
Feinschmecker und eine
wahre Offenbarung
ursprünglicher Hoch-
gebirgsnatur.
<u>Beste Zeit:</u> August –
September
<u>Charakter:</u> leichte
Familientour
<u>Gehzeit:</u> mit Vorderem
Drachenkopf 6–7 Stun-
den
<u>Nächtigung</u> in der
Coburger Hütte

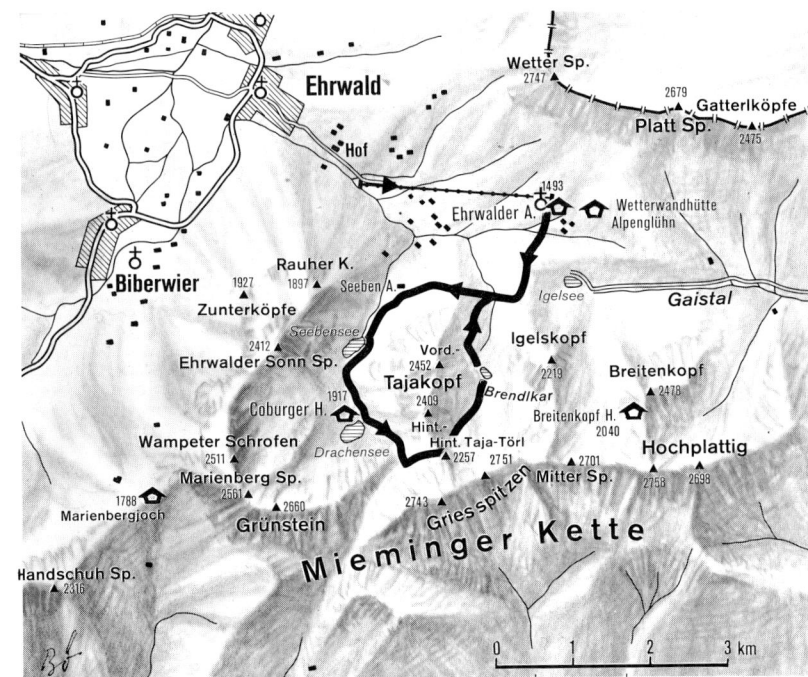

Das Mieminger Gebirge – auch Mieminger Kette – zwischen Fernpaß und Seefelder Sattel bildet mit dem Wettersteinge-birge eine Gruppe der Nördli-chen Kalkalpen und beherrscht mit seiner rund 40 km langen Gipfelkette das Tiroler Inntal zwischen Telfs und Imst. Hauptgipfel ist der reichlich unbekannte Hochplattig (2749 m), formschönster Berg die Sonnenspitze (2417 m), besonders von Ehrwald aus betrachtet. Aber wer sich für die Mieminger Berge ent-schließt, hat nicht die Absicht, Gipfel mit spektakulären Na-men zu besteigen, sondern

eine ungewöhnliche, vielfach geheimnisvoll anmutende Landschaft zu erleben – in den Hochkaren an den glasklaren Bergseen zu sitzen und zu träumen oder ganz einfach die bizarre Felslandschaft auf sich einwirken zu lassen. Denn die Mieminger Bergwelt ist eine lupenreine Ganghofer-Land-schaft: wild und durch die vie-len Seen doch wieder verspielt wirkend. Außerdem ist das Hauptinteresse der Feriengäste im Ehrwalder Talkessel meist auf die viel berühmtere Zug-spitze ausgerichtet, so daß es im Mieminger Bergraum noch relativ ruhig ist.
Nicht zuletzt ist das ganze Ge-biet im Fernpaßbereich auch von der erdgeschichtlichen Seite her von größtem Inter-

esse. Denn der Fernpaß ist erst durch einen riesigen, nacheis-zeitlichen Bergsturz im Wann-eckbereich am Westrand der Mieminger Kette entstanden: die Bergsturzmasse hatte ein Volumen von rund tausend Millionen Kubikmetern, die sich nördlich 10,5 km bis über das heutige Ehrwald hinaus und südlich 15,5 km bis nach Tarrenz bei Imst ausbreitete und eine Fläche von 14,5 Qua-dratkilometern bedeckte. Durch dieses Naturereignis war sogar eine neue Wasser-scheide entstanden – im Ehr-walder Becken hatte sich ein

Rechts: Grünstein (M.) und Sonnenspitze (r.) in den Mie-minger Bergen.

Mieminger Berge

Mieminger Berge

Seebensee mit Drachenköpfen (l.) und Wampeter Schrofen am Weg zur Coburger Hütte.

See aufgestaut; durch seinen Überlauf bildete sich später die Loisach. Aber damals gab es eben noch keine Wanderer. Und dennoch sehen wir heute die Landschaft gleich aus einem anderen Blickwinkel, wenn wir von diesen großen Naturereignissen ein wenig Kenntnis haben. Die Mieminger Berge müssen übrigens im Mittelalter für die Menschen dieses Siedlungsgebietes eine starke und oft beängstigende Ausstrahlung gehabt haben, denn da gibt es die Drachenköpfe, den Drachensee, den Igels- und Höllkopf und die Hölle. Aber wir werden keine Drachen sehen und auch keine Hölle erleben, sondern nur schöne Dinge und »wanderbares« Vergnügen.

Für unterwegs

Am Ostrand von Ehrwald (994 m) benützen wir ungeniert die Ehrwalderalm-Bahn und schaukeln bequem die 400 Höhenmeter hinauf zur Ehrwalder Alm (1502 m, Hotel). Nun gleich von der Bergstation südlich auf dem Kanonensteig durch Wald hinauf zum Fahrweg, auf dem wir westlich mühelos zur Seebenalm (1575 m, Gastbetrieb) spazieren, 1 Stunde. Nach weiteren 20 Minuten haben wir den ungewöhnlich romantischen Seebensee (1657 m) vor uns, und wir sehen den ganzen Gipfelkranz gleich doppelt: unterm blauen Himmel und auf den Kopf gestellt in der Seespiegelung. Imposant auch der Blick zurück zur gewaltigen Wetterwand im Zugspitzmassiv. Südlich des Seebensees führt ein Serpentinenweg über die Steilstufe direkt zur hübsch gelegenen Coburger Hütte (1920 m) am Drachensee, 2 Stunden von der Ehrwalder Alm. Sollten wir hier schon am Vormittag eintreffen, dann ist die Sonnenspitze als prächtiger Aussichtsberg nur noch eine Fleißaufgabe von 3 Stunden (Auf- und Abstieg), also ein gemütlicher Halbtagesausflug ohne technische Schwierigkeiten. Beherrschender Berg im Nahbereich der Coburger Hütte ist jedoch der Vordere Drachenkopf (2302 m), der Auftakt am nächsten Tag: Auf bezeichnetem Weg westlich und südlich um den Berg herum, hinauf in die Vordere Drachenscharte und über den etwas brüchigen Grat zum Gipfel, 1 Stunde von der Coburger Hütte. Abstieg am besten auf der gleichen Route. Dann südöstlich dem Hinteren Tajatörl (2257 m) zu: Zunächst in Richtung Grünsteinscharte bis zur Abzweigung nach links, über einen begrünten Rücken und zuletzt über Schutt auf das Joch, 1–1¼ Stunden. Auf deutlichen Steigspuren nordöstlich hinab ins Brendelkar – aus dem rechts ein Weg zur Breitenkopf-Biwakschachtel abzweigt – und zum kleinen Brendlsee, den wir schon lange sehen. Nun nordwestlich (links) auf dem Ganghofersteig steil hinab zum Verbindungsweg Seebenalm–Ehrwalder Alm, die wir vom Tajatörl in 1½ Stunden erreichen.

Mieminger Gebirge/
Österreich, Tirol

Auf der Höhenwanderung über den Tschirgant (2372 m) bei Imst
wird einem einmal mehr
bewußt, daß die Alpen
auch noch auf einsamen
Wegen erlebt werden
können.
<u>Beste Zeit:</u> Juni–Ende
Oktober
<u>Charakter:</u> leicht, aber
anstrengend
<u>Gehzeit:</u> 6–7 Stunden
für 1450 Höhenmeter im
Auf- und Abstieg, kein
Stützpunkt

Der Tschirgant ist ein klassisches Beispiel eines »Inselberges«, der vollkommen freistehend aufragt und über den
sich die Geographen nie so
recht einig sind, welcher Alpengruppe er zugerechnet
werden soll.
Unser Tschirgant zum Beispiel
ist ein 16 km langes und 6 km
breites Massiv, das vom Inntal
(Süden), Gurgltal (Westen) und
vom Mieminger Hochplateau
(Norden und Osten) begrenzt
wird. In der Einteilung der Alpen nach Berggruppen wird
der Tschirgant zwar dem Mieminger Gebirge (siehe Route
25) zugeordnet, aber zwischen
der eigentlichen Mieminger
Kette und dem Tschirgant liegt
der Holzleiten-Sattel (1126 m)
– der Tschirgant ist also, genaugenommen, ein eigenes,
wenn auch kleines Gebirge. An
seinem Fuß fahren jährlich
Abertausende von Autotouri

sten vorbei, die nicht ahnen
können, was der Tschirgant für
den Hochgebirgswanderer bedeutet: er ist ein Aussichtsberg
gigantissimo, der von Westen,
aus der Landecker Gegend,
wirkt wie eine ägyptische Pyramide, mit ungebrochenen Linien – Symbolgestalt eines
Idealberges schlechthin.
Nicht nur vom höchsten Gipfelpunkt ist eine phantastische
Aussicht geboten, sondern auf
dem ganzen Gratfirst, den wir
gefahrlos überschreiten: im
Nordosten die Mieminger Gipfelkette, im Norden und Westen die Lechtaler Alpen, im
Süden die Ötztaler Alpen und
das breite Inntal. Die Südostwand des Tschirgant ist für
Kenner sogar ein interessantes
Kletterziel, aber im zuständigen Alpenvereinsführer ist von
den 360 Druckseiten unserem
Berg nur eine Seite gewidmet.
Und es gibt am Tschirgant we

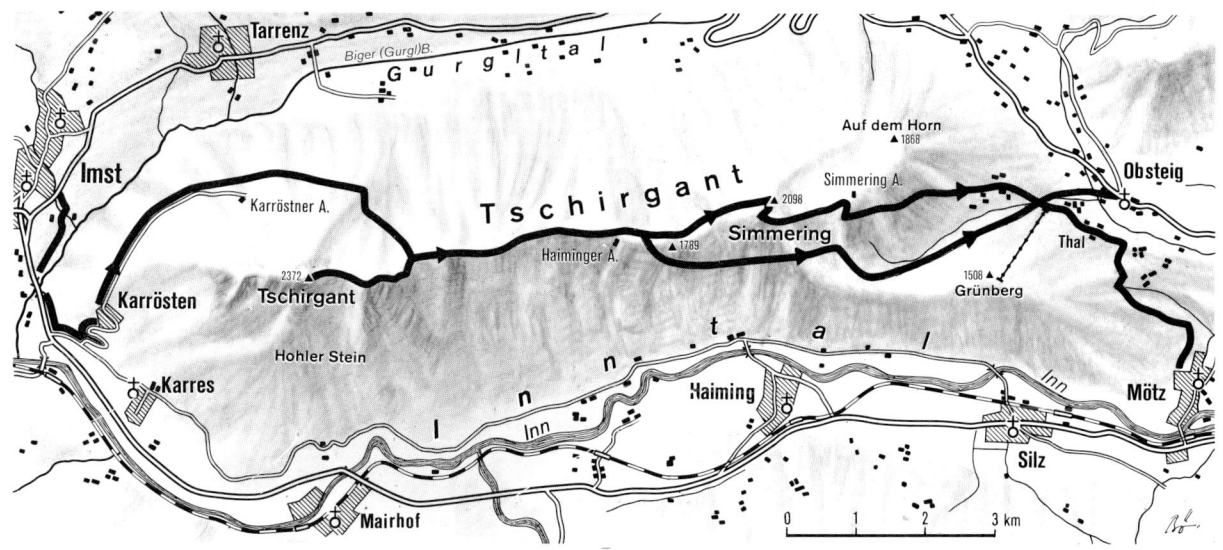

Inselberg Tschirgant

Links: Tschirgant von Nordwesten. Rechts: Das Inntal bei Imst/Tirol.

der eine Bergbahn noch Alpenvereinshütte, wir müssen ihn also vom Tal aus an einem Tag schaffen: 1450 Höhenmeter hinauf und auch wieder hinab. Dazu braucht es Kondition und Ausdauer. Es gibt unterwegs zwar drei Almen – sogenannte »Jausenstationen« –, in denen man Milch und Bier, aber keinen Schlafplatz bekommt. Und das ist ganz bestimmt der Grund, weshalb der Tschirgant nicht nur von seiner topographischen Lage her, sondern auch im Sinne der Einsamkeit ein Inselberg ist – ein Berg, auf dem du nie Gefahr läufst, die lieben Nachbarn zu treffen. Ein Berg auch, mit dessen Namen die meisten »Alpenkenner« nichts anzufangen wissen. Und schließlich auch noch ein Berg mit einem ungewöhnlichen Blumenreichtum.

Für unterwegs

Am besten nächtigen wir in Karrösten (921 m) südöstlich von Imst in sehr lieblicher Lage auf einer Terrasse der Tschirgant-Südwestabdachung (mehrere Gasthöfe und Pensionen, Busverkehr vom Bahnhof Imst-Pitztal). Westlich der Kirche hinauf durchs Oberdorf auf Fahrweg in Richtung Karröstenalm (Wegtafel, weiter

oben Parkplatz vor Sperrschranke). Auf diesem Fahrweg erreichen wir in 1 Stunde die Karröstenalm (1468 m, bewirtschaftet). Nun auf Wanderweg zuerst nordöstlich hinauf durch dichten Hochwald, um einen breiten Waldrücken herum und östlich bis an die Waldgrenze, von wo wir rechts oben bereits den felsigen Tschirgantgrat und das Gipfelkreuz sehen. Der Weg führt in vielen Serpentinen zum Kreuz auf der nordöstlichen Erhebung (P. 2232), wo wir das Gepäck deponieren können. Nun südwestlich zur Weggabelung (links mündet der Weg von der Karreser Alm) und westlich über den schrofigen Ostgrat zum Tschirgant-Hauptgipfel (2372 m), der uns mit einer ungewöhnlichen Panoramasicht für alle Mühen belohnt, 2½–3 Stunden von der Karröstenalm.
Auf der gleichen Route zurück

zu P. 2232 und nordöstlich über den begrünten Tschirgantkamm, wobei zwei kleine Graterhebungen (P. 2181 und P. 2022) überschritten werden, nach etwa 1½ Stunden (6 km) zur Haiminger Alm (1789 m). Gleich danach verläßt der Weg den Kamm und führt an seiner Südflanke zunächst hinab, bald wieder aufwärts zur Weggabelung (links in 15 Minuten zur Simmeringalm). Rechts hinab über Kehren zum Sattel (1320 m) zwischen Simmering und Grünberg und nördlich auf Fahrweg, dem Trendlsbach entlang, nach Obsteig (995 m) an der B189, 3 Stunden vom Tschirgant-Hauptgipfel.
Von Obsteig gibt es Busverbindungen zum Bahnhof Stams an der Inntallinie oder über Nassereith-Imst. Die Tschirgant-Überschreitung ist natürlich auch in umgekehrter Richtung möglich und ebenso lohnend.

Allgäuer Alpen/
Bayern–Österreich,
Tirol

Die West-Ost-Über-
schreitung der Tannhei-
mer Berge ist eine
wahre Romantiktour
und gleicht einem Spiel
ständig wechselnder
Kulissen.
<u>Beste Zeit:</u> Juni,
September–Oktober
<u>Charakter:</u> leicht, teil-
weise ausgesetzt, insge-
samt anstrengend
<u>Gehzeit:</u> 11 Stunden
<u>Nächtigung</u> in der
Otto-Mayr-Hütte

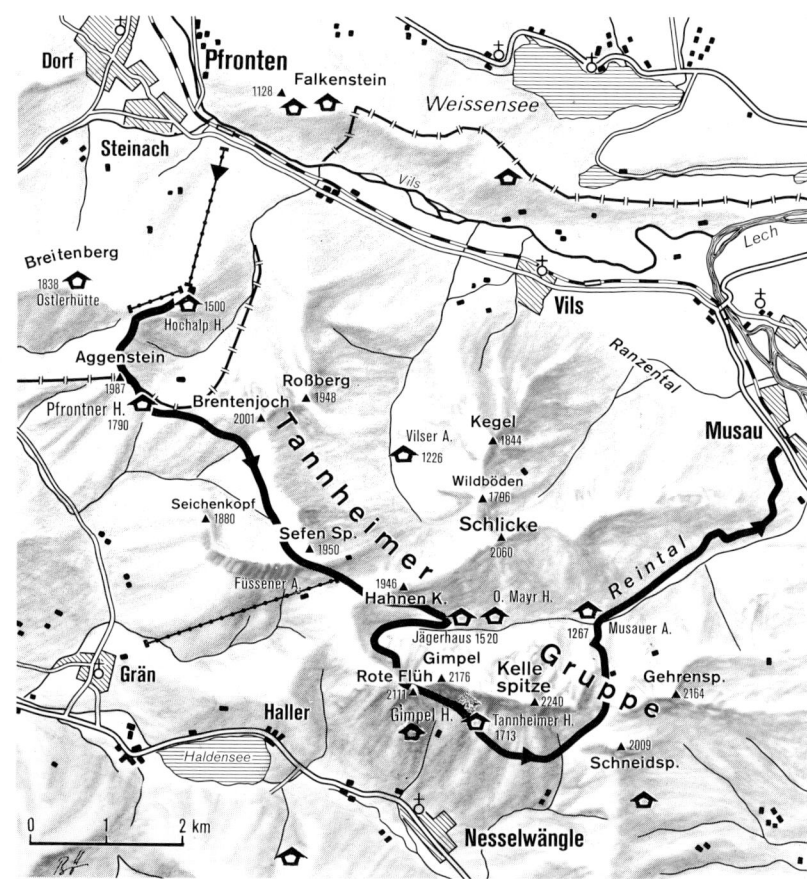

Die Tannheimer Berge bilden
die östlichste Gruppe der Allgäuer Alpen, von denen sie jedoch durch die tiefe Senke des
Tannheimer Tales getrennt
sind; im Süden und Osten vom
Lech (Reutte), im Westen und
Norden von der Vils (Pfronten)
begrenzt. Die »Tannheimer«,
wie sie von Bergsteigern kurz
genannt werden, sind im Frühsommer und Herbst ein be-
liebtes Wander- und Kletterge-
biet, denn die Gipfelhöhen
liegen durchschnittlich bei nur
2000 Meter. Am reizvollsten für
trittsichere Wanderer ist die
West-Ost-Überschreitung:
Pfronten – Steinach – Breiten-

bergkamm (Gondelbahn und
Sessellift) – Aggenstein –
Pfrontner Hütte – Füssener
Jöchle – Otto-Mayr-Hütte
(Nächtigung) – Rote Fluh –
Tannheimer Hütte – Sabacher
Joch – Reintal – Musau. Diese
rund 25 km lange Wanderroute
erfordert zwar gut zehn Stun-
den, aber sie kann an vier
Punkten problemlos und
schnell verkürzt oder – etwa
wegen schlechten Wetters –
abgebrochen werden.
Die Tannheimer-Überschrei-
tung ist aus mehreren Grün-

den eine wahre Perle unter
den Allgäuer Wanderrouten:
wir sind auf langen Strecken
von einem ungewöhnlichen
Blumenreichtum umgeben, besonders im Frühsommer (der
Aggenstein ist Naturschutzgebiet); dann haben wir es mit
einem sehr lohnenden Panora-
maweg zu tun, und schließlich
auch mit dem Vergnügen, daß
sich die stark gegliederte
Landschaft wie auf einer gewaltigen Drehbühne mit Dut-
zenden von Kulissen ständig
verändert. Natürlich, wer im

Frühsommer – Ende Mai und Juni – die Wanderung unternimmt, braucht mehr Bergerfahrung als im Herbst, da in einigen Bereichen meist noch Altschneereste vorhanden sind und dadurch harmlose Stellen gefährlich werden können. Nicht vergessen werden darf für diese Tour die Mitnahme von Ausweispapieren, denn wir starten in Bayern und überschreiten auf dem Aggenstein die Staatsgrenze nach Österreich (ein Beweis, daß ich auch einmal auf dem Aggenstein war, ist übrigens der große, granitene Grenzstein, den ich um 1957 als Grenzstein-Träger hinaufgeschleppt hatte).

Für unterwegs

Beim Bahnhof Pfronten-Steinach (850 m) überlassen wir den »Aufstieg« der Breitenberg-Seilbahn und anschließend dem Sessellift auf den Breitenbergkamm (1680 m), von dem wir südlich auf gutem Weg (teilweise gesichert) den Aggenstein in 1¹/₂ Stunden erreichen; schon hier ist uns eine prachtvolle Aussicht geboten. Südlich hinab in 15 Minuten zur Pfrontener Hütte (1796 m, DAV). Nun östlich und südöstlich, fast immer auf gleicher Höhe bleibend, an Brentenjoch und Sebenspitze vorbei, zuletzt aufsteigend, ins Füssener Jöchle (1816 m, Sessellift von Grän bei Tannheim), 1¹/₂ Stunden. Vom Joch wird die Läuferspitz-Nordflanke gequert

und östlich zur Otto-Mayr-Hütte (1530 m) im obersten Reintal abgestiegen, 1 Stunde vom Füssener Jöchle (4¹/₂ Stunden vom Breitenberg-Sessellift).
Der nächste Tag bringt als Höhepunkt die Rote-Flüh-Überschreitung: Von der Hütte auf gutem und bezeichnetem Weg westlich talaufwärts, nach links hinauf in die Gelbe Scharte, 1 Stunde, und zum Nordwestgrat der Roten Flüh, über den wir mit Hilfe von Sicherungsanlagen problemlos den Gipfel (2111 m) erreichen, 1 Stunde. Ganz besonders eindrucksvoll ist von hier der Tiefblick ins Tannheimer Tal. Der Abstieg erfolgt auf dem Steig über die Nordflanke in die Judenscharte (zwischen Roter Flüh und

In der bizarren Felslandschaft der Tannheimer Berge nach der Roten Flüh.

Gimpel) und östlich durch das Kar zur Tannheimer Hütte (1713 m), 1 Stunde (von hier kann man in 1 Stunde übers Gimpelhaus nach Nesselwängle im Tannheimer Tal absteigen). Nun entweder östlich entlang der Kellespitze-Südflanke auf das Sabacher Joch (1862 m) und nördlich hinab, an der Sabacher Galtalm vorbei zur Musauer Alm (Gasthaus) im Reintal und nach Musau an der Bahnlinie Reutte – Pfronten, 4 Stunden; oder von der Tannheimer Hütte nördlich über die Nesselwängler Scharte (2007 m) und hinab zum Reintalweg, der zwischen

Tannheimer Berge

Otto-Mayr-Hütte und Musauer Alm erreicht wird, um anschließend durchs Reintal ebenfalls nach Musau zu kommen, 4 Stunden.
Beide Wege sind schön und lohnend, auf dem ersteren über das Sabacher Joch herrscht weniger Betrieb. Von Musau sind wir per Bahn schnell wieder zurück am Ausgangspunkt.

Oben: Die Gimpelgruppe in den Tannheimer Bergen von Westen. Rechts: Rothorn (l.) und Strahlkopf in den Allgäuer Alpen.

Bernhardseck-Runde

Allgäuer Alpen/ Österreich, Tirol

Auf der einsamen Bern-hardseck-Runde kön-nen Sie sich über das Gedränge am nahen Heilbronner Weg amü-sieren — in einer ebenso schöne Landschaft.
Beste Zeit: Juli — Oktober
Charakter: leichte Familientour
Gehzeit: 6–7 Stunden, kann auch als Tages-tour ausgeführt werden
Nächtigung evtl. Gast-hof Bernhardseck

Bernhardseck? Fragen Sie doch mal einen Oberstdorfer, der mitten in den Allgäuer Al-pen lebt, nach dem Bernhardseck — die meisten werden es nicht wissen. Das Bernhardseck gehört zu den schönsten Aussichtspunkten der Allgäuer Alpen und ist auf einem begrünten Kamm der Hornbach-Kette südlich vorge-lagert; westlich des Lechtalor-tes Elbigenalp. Auf diesem Kamm *ist* man nicht nur in der bezaubernden Landschaft der Allgäuer Alpen, nein, man sieht auch den Hauptteil ihres Hauptkammes hautnah und die ganze Gipfelkette der Lechtaler Alpen dazu.
Genaugenommen ist es alpiner Hochverrat, dieses landschaft-liche Kleinod preiszugeben, denn auf unserer Bernhards-

eck-Route ist die Alpenwelt noch in Ordnung, ohne Berg-bahnen, ohne Rummel, und wir sehen meist nur Gemsen und Hirsche, deren Röhren in der Brunftzeit das tiefe Bern-hardstal erfüllt: Elbigenalp – Bernhardseck (Berggasthof, in dem genächtigt wird) – Gum-pensattel – Strahlkopf – Kar-joch – Bernhardstal – Elbigen-alp.
Ich war bestimmt an die sech-zig Male auf dem Bernhards-eck, ehrlich. Da war ich aber erst zehn Jahre alt und Zie-genhirte (»Goaßbua«) von Un-tergiblen bei Elbigenalp. Auf den steilen Wiesenhängen beim Bernhardseck, ständig hinter den 47 Ziegen her, lernte ich das sichere Gehen auf weglosem Gelände.
Das letzte Mal war ich im

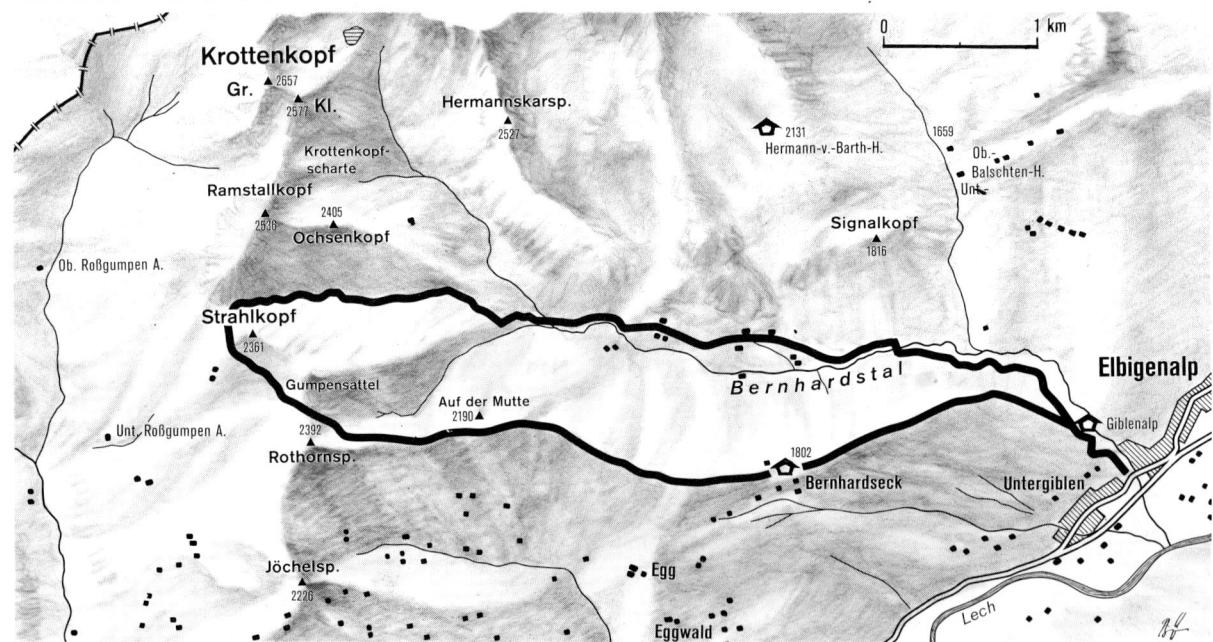

Bernhardseck-Runde

Herbst 1979 auf dem Bern-hardseck – es hatte sich in den fast vierzig Jahren so gut wie nichts verändert. Nur der Weg bis zum Berggasthof ist breiter geworden und die Hochmäh-der werden nicht mehr gemäht und Goaßbua gibt es auch kei-nen mehr. Aber die Giblener Bauern sieht man an schönen Wochenendtagen gleichwohl noch vor ihren kleinen brau-nen Hochmahdhütten, um ganz einfach einen schönen, beschaulichen Tag zu erleben. Und das kann man auf dem Bernhardseck. Am Abend gleicht die Hornbachkette im letzten Licht einem barocken Bühnenbild, am Morgen be-ginnen die zahllosen Gipfel der Lechtaler Alpen wie Brillanten zu leuchten. Und auf halbem Weg unserer Rundtour, vom Strahlkopf aus, sieht man eine endlose Pünktchen-Kette – die Menschenschlange auf dem Heilbronner Weg – und man freut sich, hier allein zu sein. Im Bernhardstal wiederum, beim Großmähder, spaziert man über einen bezaubernden Ahornboden, der dem be-rühmten Ahornboden im Kar-wendel kaum nachsteht. Wir trafen hier lediglich zwei Jäger, die in der Bernhardseck-Nord-flanke ihre Hirsche beobachte-ten.

Für unterwegs

Von Elbigenalp (1098 m) west-lich des Bernhardsbaches auf Fahrweg (Sperrschranke) über

Kehren hinauf zum Bergrestau-rant Giblenalm (1220 m), wo der Weg rechts ins Bernhardstal abzweigt. Links hinauf in den Wald, wo ein Fußweg den Fahr-weg rechts verläßt und weiter oben wieder auf den breiten Weg stößt. Auf ihm über die Waldgrenze hinauf zum Berg-gasthaus Bernhardseck (1802 m, Hüttenbetrieb), 1¹/₂–2 Stunden, das von einem knappen Dutzend hüb-scher Hochmahdhütten um-geben ist.

Am nächsten Tag westlich über den sanft ansteigenden Wie-sengrat hinauf, an mehreren Hüttchen vorbei – immer mit prächtiger Aussicht –, zur Er-hebung »Auf der Mutte« (2190 m), die südseitig in weit des Gipfels gequert wird, um bald wieder den Grat zu er-reichen; nördlich sind im Gum-penkar fast immer große Gemsrudel zu sehen. Der Weg verläßt nun den Grat nach rechts, quert leicht ansteigend die Rothornspitze-Nordost-flanke und führt, zuletzt steil, auf den Gumpensattel (2277 m) zwischen Rothorn-

Blick von der Bernhardseck-runde zur Mädelegabelgruppe.

spitze (2392 m) und Strahlkopf (2361 m), 2 Stunden. Nun entweder auf Steigspuren über den grasdurchsetzten Ostgrat in 15 Minuten auf den Strahlkopf und nördlich durch eine Rinne und über ein nach links hinabführendes Geröll-band in das Karjoch (2305 m) oder links (westlich) auf gutem Weg hinab und wieder auf-wärts, am Strahlkopf-Westab-bruch vorbei, zur schlecht er-kennbaren Abzweigung rechts (östlich) hinauf ins Karjoch, 40–50 Minuten. Vom Karjoch östlich steil auf Wegspuren (schlechte Bezeichnung) hinab zur Karjochalm (Abzweigung nach links zur Hermann-von-Barth-Hütte) und weiter in den Grund des Bernhardstales. Über den sehr schönen Ahorn-boden, vorbei an den Groß-mähder-Hütten, das Tal hinaus zum Restaurant Giblenalp und auf dem bereits bekannten Fahrweg nach Elbigenalp, 2¹/₂ Stunden vom Karjoch.

29 Parzinn

Lechtaler Alpen/ Österreich, Tirol

Auf der Parzinn-Runde kommen Gipfelsammler zu kurz, Bergromantiker dagegen zu großem Gewinn, zu schönen Erlebnissen in einer bizarren Felslandschaft.

Beste Zeit: August – Anfang Oktober
Charakter: leicht, aber anstrengend
Gehzeit: 10–11 Stunden
Nächtigung in der Hanauer- oder Steinseehütte; Tour kann auch verkürzt werden

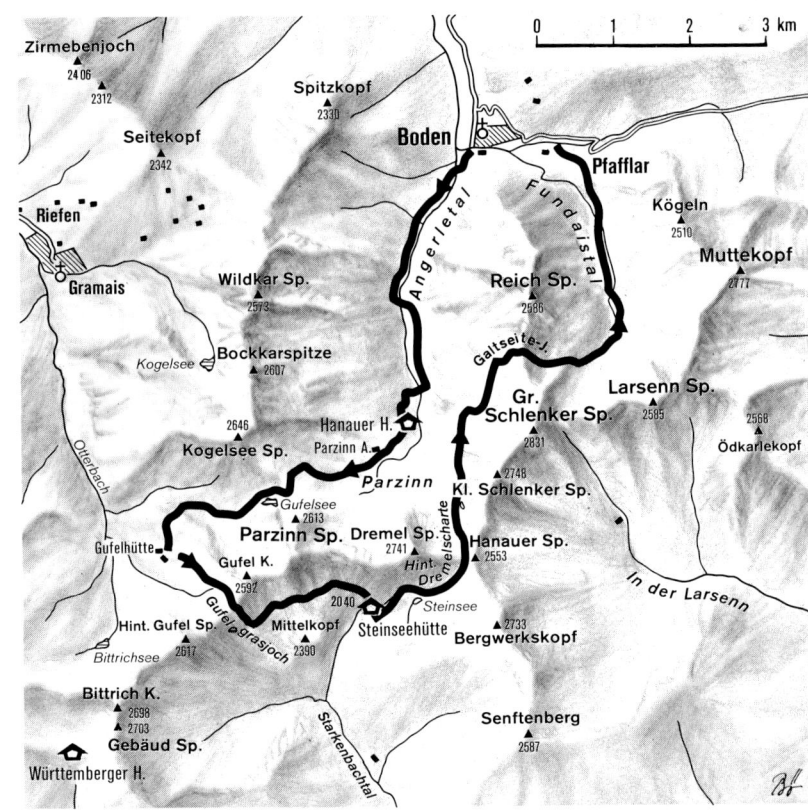

Die unerhört formenreiche Gipfelwelt des Parzinn, aus Hauptdolomit aufgebaut, ist eine Untergruppe der östlichen Lechtaler Alpen südwestlich des Hahntennjochs und nördlich des Inntales bei Landeck. Das Parzinn mit seinen meist abweisenden Gipfeln, Türmen und Zacken, zwischen denen riesige Hochkare mit kleinen Seen eingelagert sind, könnte sich genausogut irgendwo in den Dolomiten befinden. Insgesamt gibt es in dieser relativ kleinen Gruppe 47 Gipfel über 2000 Meter Höhe, aber die meisten sind schwierig, weshalb im Parzinn auch sehr viele Kletterer unterwegs sind. Die Parzinn-Umrundung dagegen vollzieht sich auf guten, meist ungefährlichen Wanderwegen, aber sie ist lang und anstrengend dazu: Boden (Bschlaber Tal) – Hanauer Hütte – Gufelseejöchl – Gufelgrasjoch – Steinseehütte – Hintere Dremelscharte – Galtseitejoch – Fundaistal – Pfafflar – Boden.
Aber wir brauchen uns von den 10 bis 11 Stunden nicht abschrecken zu lassen, denn erstens kann die Tour an mehreren Punkten abgebrochen oder verkürzt werden, und zweitens kann man sie zeitlich weitgehend entschärfen, wenn man sich am ersten Tag nicht mit den zwei Stündchen bis zur Hanauer Hütte zufriedengibt, sondern gleich auch noch die nächsten drei Stunden bis zur Steinseehütte wandert. Dann bleiben am zweiten Tag nur noch 5 oder 6 Stunden – so wird die Parzinn-Runde zu einer ausgewogenen Wochenendtour.

Rechts: Die Parzinnspitze in den Lechtaler Alpen von Osten gesehen.

Parzinn

Und in der kleinen Steinseehütte ist es auch noch um einiges ruhiger als in der großen Hanauer Hütte.

Eines muß man im Parzinn wissen: die schattigen Nordkare sind bis weit in den Sommer hinein mit hartem Altschnee angefüllt und dadurch gefährlich; das Gebiet sollte also bis Ende Juli gemieden werden, wenn man nicht über sehr viel Bergerfahrung verfügt. Und außerdem sind die Parzinn-Seen auch erst im Spätsommer am schönsten – wenn die meisten Feriengäste schon wieder zu Hause sind. Dann auch wird die Parzinn-Runde zu einem wahren Wandervergnügen.

Für unterwegs

Boden (1357 m) befindet sich an der gut ausgebauten Hahntennjoch-Straße zwischen Imst (18 km) im Inntal und Elmen (10 km) im Lechtal. Von Boden südlich auf Fahrweg (nach 300 m Sperrschranke) durchs Angerletal zur Talstation der Materialseilbahn und auf Serpentinenweg zur Hanauer Hütte (1920 m), 2 Stunden. Nun südwestlich auf gut bezeichnetem Weg hinauf zum Parzinnsee am Nordfuß der Parzinnspitze und zur Weggabelung beim Kögelsee – der linke Weg führt uns zum Gufelseejöchl (rechts geht's zur Kögelseescharte), 1 Stunde. Vom Gufelseejöchl (2373 m) kann die Kogelseespitze (2646 m), ein sehr lohnender Aussichtsberg, auf gutem Weg in 45 Minuten bestiegen werden. Westlich unten der Gufelsee (2281 m). Zu ihm hinab, an seinem Nordufer vorbei, dann zuerst steil, dann über begrünte Schuttböden ins Vordere Gufeljöchl (2073 m) im Nordwestgrat des Vorderen Gufelkopfes. Nun südlich fast eben zur Gufelhütte (2103 m, Hirtenunterstand) und südöstlich steil hinauf ins Gufelgrasjoch (2389 m), 2 Stunden. Südlich hinab zum Verbindungsweg Württemberger Haus-Steinseehütte. Auf ihm nordöstlich über die Steinkarscharte (2320 m, Drahtseile) und, zuletzt absteigend, zur Steinseehütte (2040 m), 1 Stunde, auf begrünter Terrasse unterm Steinsee (2215 m). – (Wer hier bereits in Zeitnot geraten ist, kann über die Westliche Dremelscharte in 2¹/₂ Stunden die Hanauer Hütte erreichen.)

Von der Steinseehütte zuerst über Weideflächen hinauf zum Steinsee, wo links der Weg zur Westl. Dremelscharte abzweigt. Rechts (östlich) weiter – an der Dremelspitze-Südwand vorbei – und steil hinauf in die Östliche Dremelscharte (2470 m), 1¹/₂–2 Stunden, in der wir von einer beispiellosen Wildheit umgeben sind. Nördlich hinab in das Kar, wo sich einmal der kleine Schlenkersee befand, (ausgetrocknet) und zur Weggabelung (links in ¹/₂ Stunde zur Hanauer Hütte). Rechts (nördlich) weiter über steile Gras- und begrünte Schutthänge ins Galtseitejoch (2423 m), 1 Stunde, nördlich der Großen Schlenkerspitze. Östlich hinab, teilweise ausgesetzt über Schrofenflanken, zur Weggabelung (rechts, östlich, über die Kübelwände zur Muttekopfhütte).

Das Hochkar, in dem wir uns hier befinden, ist ungeheuer eindrucksvoll, ja geradezu beängstigend düster. Nun nördlich hinab auf bezeichneten Wegspuren in den Talschluß des Fundaistales, entlang des meist trockenen Bachbettes und über Schutt zu gutem Weg, der uns durch Wald zu der ungemein reizvollen Siedlung Pfafflar führt, 1 Stunde (vermutlich älteste Häuser des ganzen Lechtales). Von Pfafflar westlich auf schmalem Fahrweg in 15 Minuten hinab zum Ausgangsort Boden.

Piz Lischana und
Val d'Uina
Münstertaler Alpen/
Graubünden, Schweiz

Im Unterengadin bei
den Rätoromanen ist die
Welt noch in Ordnung.
Und im Val d'Uina.
imponiert eine der
größten Alpen-
schluchten.
<u>Beste Zeit:</u> Juli–Oktober
<u>Charakter:</u> leicht,
einsam
<u>Gehzeit:</u> 10 Stunden
<u>Nächtigung</u> in der
Lischana-Hütte

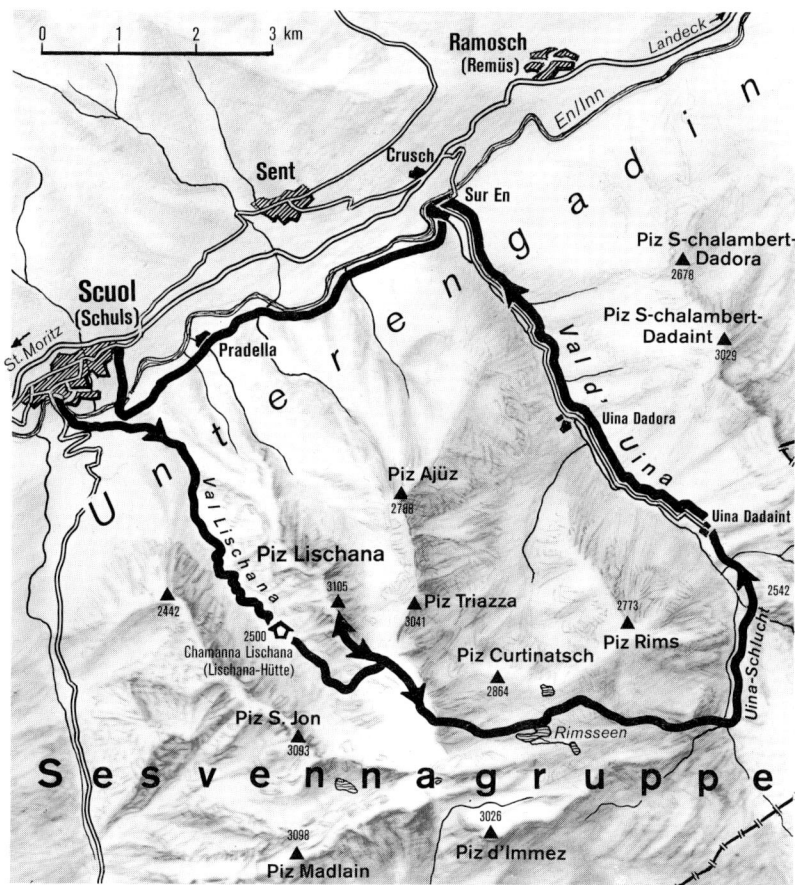

Engadiner Dolomiten nennt
man die Berge, Pässe und Täler rechts des Inn im Unterengadin. Sie sind ein Teil der
Münstertaler Alpen, die gelegentlich auch als Sesvenna-Al-
pen bezeichnet werden und
folgende Abgrenzung haben:
Finstermünzpaß – Unterengadin – Zernez – Spöltal – Ofen-
paß (Pass dal Fuorn) – Mün-
stertal (Val Müstair) – Glurns –
Tal der Etsch – Reschensee –
Reschenpaß – Nauders – Finstermünzpaß. Ihr Hauptteil befindet sich auf Schweizer Gebiet, lediglich im Osten gehören einige Randgebiete zu
Italien (Südtirol). Man möge
mir die kurze Geographie-

Lektion nachsehen, aber der
Piz Lischana (3105 m) befindet
sich halt nicht im Kaiser- oder
Wettersteingebirge, von denen
jeder ordentliche Bergfreund
fast jeden Berg kennt (oder
kennen sollte). Der Piz Lischana ist ein mächtiger Dolo-
mitklotz, der das Landschaftsbild um Scuol (1240 m), dem
Hauptort des Unterengadin,
beherrscht und zu den lohnendsten Aussichtsbergen der
ganzen Gruppe gehört. Seine
Überschreitung, die keinerlei
technische Schwierigkeiten

aufweist, vermittelt jedem
Hochgebirgswanderer und
Liebhaber der Einsamkeit echtes Vergnügen. Und das Val
d'Uina mit seinem ungewöhnlichen Waldreichtum vermittelt
einem den Eindruck echter Urlandschaft. Das Tal war vor
etwa 130 Jahren von über
zwanzig Familien besiedelt,
heute sind nur noch zwei Alpen bewirtschaftet.
Im hintersten Uinatal traut man
seinen Augen nicht, denn hier
gähnt einem plötzlich die etwa
tausend Meter lange und bis

Links: Ausgesprengter Wanderweg im oberen Uinatal.
Oben: Vnà mit Piz Lischana (r.) und Uinatal (l.)

fünfhundert Meter tiefe Uinaschlucht entgegen, erschlossen durch einen faszinierenden Weg in der rechten Schluchtwand, der einen fürchten lehren würde, wäre er nicht gut gesichert, da und dort sogar mit einem Tunnel versehen. Durch die Schlucht rauscht und tobt der Uinabach, der sich vor seiner Mündung bei Sur En in den Inn nochmals durch eine düstere Schlucht zwängt; hoch über ihr verläuft der breite Wanderweg. Nicht zuletzt: Das Unterengadin – Engiadina bassa – ist eines der sonnenreichsten Täler der Alpen (nur 65 cm Niederschlag im Jahresdurchschnitt),

was jeder Bergfreund schnell schätzt, auch auf Wanderungen.

Für unterwegs

Wir brauchen eineinhalb Tage, die ganze Wanderstrecke hat eine Länge von 22 km mit rund 1800 Höhenmeter Auf- und Abstieg. Vom Unterdorf Bad Scuol zunächst auf der Fahrstraße nach Süden über den Inn in Richtung S-charl. Bald nach der Brücke auf Wanderweg – Wegweiser – zum einsamen Hof San Jon, wonach uns der eigentliche Weg ins Val Lischana aufnimmt; er ist gut angelegt und läßt einen die 1350 Höhenmeter zur Lischana-Hütte (2500 m) ohne große Anstrengung in drei Stunden überwinden. Am nächsten Tag spätestens um 7 Uhr

die Hütte verlassen. Gleich nach der Hütte haben wir die oberste Vegetationsgrenze hinter uns. Der Weg führt über Schutt und Schrofen, durch Mulden und Kare, um nach einer guten Stunde den breiten Rücken des Piz-Lischana-Südostgratausläufers zu erreichen. Über den Grat in 30 bis 40 Minuten auf Steigspuren zum Gipfel. Wieder zurück zum Abzweigpunkt. Dann südlich zum fast flachen Firnfeld Vadrett da Rims und östlich hinab zu den Lais da Rims (Rimsseen). Nordöstlich und östlich Abstieg in die große Alpmulde Sursass und nördlich in die Uinaschlucht. Val d'Uina – Sur En, von wo man rechts des Inn in einer Stunde Scuol erreicht.

Dachsteingebirge/ Österreich, Salzburg– Steiermark

Die Ost-West-Überschreitung des Dachsteingebirges bringt in 6 Tagen über 50 Hochgebirgskilometer durch eine begeisternde Panorama-Landschaft, die jedoch einiges Können verlangt.
<u>Beste Zeit:</u> August – Ende September
<u>Charakter:</u> schwierig, teilweise ausgesetzt und vergletschert
<u>Gehzeit:</u> ½, 6, 8, 6, 5 und 3 Stunden pro Tag (mit Hoher Dachstein).

Mit einer Fläche von rund 100 Quadratkilometern, die über die 2000-Meter-Grenze hinaufreicht, ist das Hochplateau des Dachsteingebirges die gewaltigste und massivste Erhebung der Nördlichen Kalkalpen. Beherrscht vom Hohen Dachstein (2996 m) mit seinen Gletschern im Norden und seinem 800-Meter-Wandabbruch gegen die Ramsau im Süden. Der Gebirgsstock wird im Süden vom Ennstal mit Schladming und im Osten vom Grimmingbach begrenzt. Im Norden das wild-romantische und zugleich liebliche Salzkammergut (Oberösterreich) mit seinem Seenreichtum und uraltem Kulturboden im Westen das immer noch wenig besuchte Tennengebirge im Salzburger Land, im Süden die Steiermark, wo rechts der Enns die waldreichen Schladminger Tauern aufragen. Das Dachsteingebirge bildet also eine Dreiländerecke. Die Hauptmasse der Dachsteingruppe besteht aus weitgehend regelmäßig übereinander liegenden Werfener Schichten, Hauptdolomit, Muschelkalk, Korallenkalk und Dachsteinkalk. Das Innere der Kalkmasse ist von alten Flußläufen durchhöhlt; in den berühmten Dachsteinhöhlen bei Obertraun kann dieses Phänomen auch von Touristen bewundert werden. Die Oberfläche der Dachsteingruppe schließlich zeigt die charakteristischen Merkmale der großen Kalkplateaugebirge: steile Wandabbrüche nach außen, runde Buckel und Mulden, ausgedehnte Karrenfelder, in tieferen Lagen große Latschenbestände, am Fuß dunkle Wälder. Die Vergletscherung des Dachsteingebirges ist die größte in den Nördlichen Kalkalpen: Hallstätter-, Großer Gosau- und Schladminger Gletscher sind die bedeutendsten der acht Eisfelder in unmittelbarer Nähe des Hohen Dachsteins; ihre Schmelzwasser versickern im Kalkboden und kommen erst tief unten in starken Quellen wieder an den Tag.

War der Nordrand des Dachsteins schon in der Hallstattzeit (ca. 800–500 v. Chr.) durch seinen Salzreichtum berühmt, so bringt seit einigen Jahren der »Eisengehalt« des Gebirges Wohlstand unter die Einheimischen: Lifte und Seilbahnen pendeln und baggern bis in Gipfelnähe des ehrwürdigen Hohen Dachsteins. Was freilich nicht ausschließt, daß der Bergfreund immer noch stille Plätze, wenig begangene Wege und Routen findet. Und nicht alle der elf Schutzhütten sind ständig überfüllt. Darum ist das Dachsteingebirge auch heute immer noch eine Reise wert.
Unsere Dachsteinroute vollzieht sich über folgende Stationen: **1. Tag:** Gröbming – Brünner Hütte. **2. Tag:** Grafenbergalm – Guttenberghaus. **3. Tag:** Dachsteinwartehütte – Hoher Dachstein – Simonyhütte. **4. Tag:** Hoher Trog – Hoher Ochsenkopf – Adamekhütte. **5. Tag:** Linzer Steig – Reißgangscharte – Hofpürglhütte. **6. Tag:** Steiglpaß – Scharwandhütte – Vorderer Gosausee.
Es ist eine Tour für Könner, denn sie führt teilweise über Gletscher, erfordert in einigen Bereichen Orientierungsver-

Rechts: Almlandschaft im Dachsteingebirge. Im Hintergrund die Bischofsmütze.

Hoch über den Dachstein

mögen und auf den Steiganlagen absolute Trittsicherheit. Ein Schönheitsfehler ist die Dachstein-Seilbahn, die in den Nahbereich unseres Hauptberges führt, so daß wir hier, wenn auch nur für kurze Zeit, einigen Rummel in Kauf nehmen müssen; freilich bringt uns die Seilbahn auch den Vorteil, daß wir bei einem

Schlechtwettereinbruch schnell und gefahrlos ins Tal kommen. Und noch eins: Die »Beste Zeit«-Empfehlung ist unbedingt zu beachten, denn im Juni–Juli herrscht nordseitig erhöhte Gefahr.

Für unterwegs

Der Anreisetag ist mit keinerlei

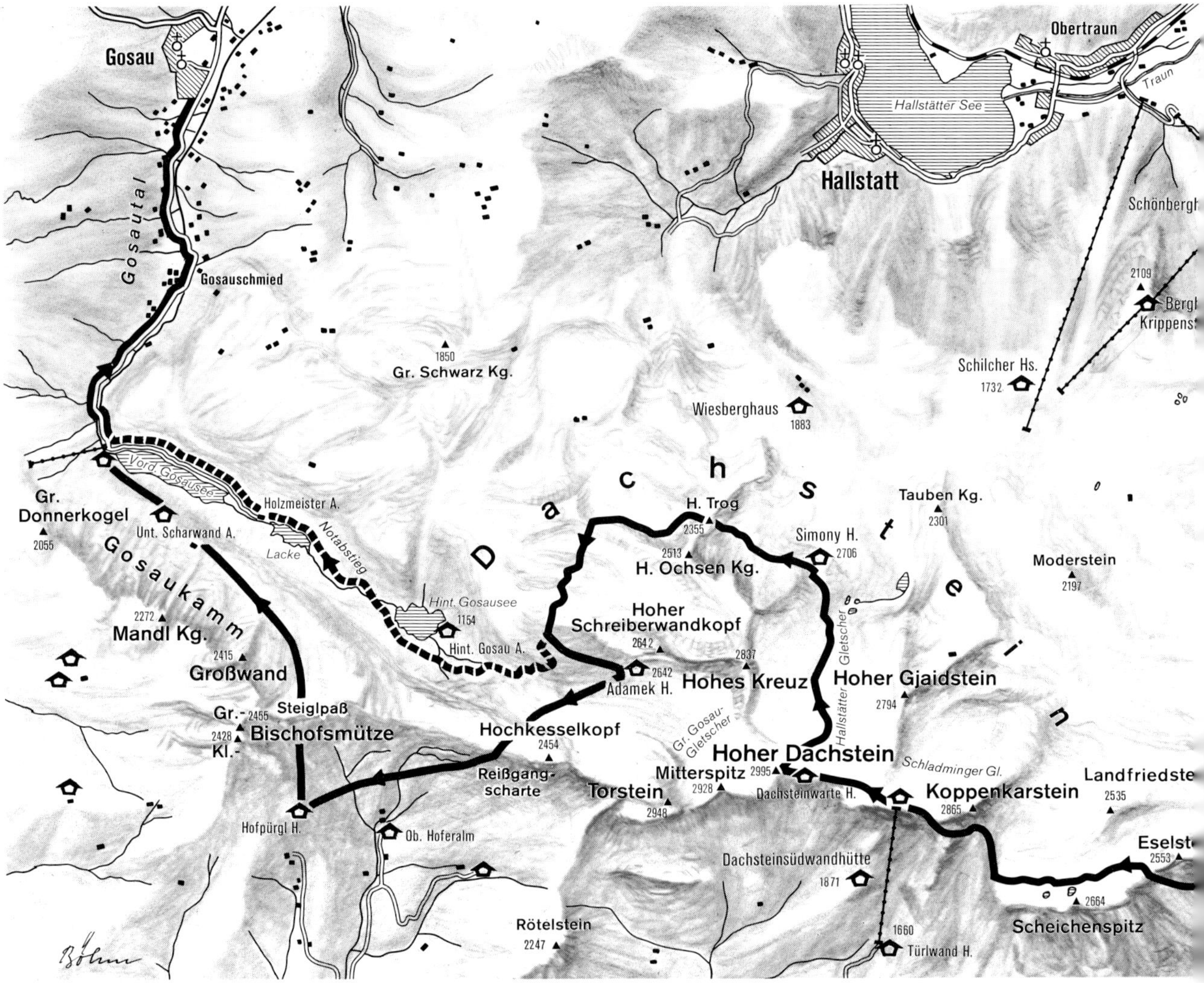

Problemen verbunden: Von Gröbming (776 m) im Ennstal mit Bus auf der Stoderzinken-Bergstraße (gebührenpflichtig) zum Berghotel Steinerhaus (12 km) und in 30 Minuten zur nordöstlich gelegenen Brünner Hütte (1737 m). Man kann von hier den lohnenden Aussichtsberg Stoderzinken (2048 m) in 40 Minuten auf Weg besteigen, aber Aussicht haben wir in den nächsten Tagen genug. Wer unbedingt noch etwas unternehmen will, wandert nordwestlich (Wegtafel) eine Stunde zur Felsschlucht »Notgasse«, in der es prähistorische Felsbilder zu bewundern gibt.

2. Tag: Auf geht's in Richtung Guttenberghaus (2137 m), unserem nächsten Stützpunkt, zu dem wir 5¹/₂–6 Stunden brauchen – und gute Sicht. Zuerst nordwestlich durch Wald zur »Notgasse«-Abzweigung über Waldrücken hinauf und rechts des Großen-Kimpfling-Felsabbruchs vorbei in kleinen Sattel. Links weiter, einem ausgeprägten Rücken entlang (1800 m), durch einen schma-

len Graben und rechtshaltend auf den Kimpflingsattel (1730 m, Wegabzweigung nach links). Nun nordöstlich durch eine Mulde hinauf, dann fast eben westlich durch Mulden und nach kurzem Aufstieg hinab zur Grafenbergalm (1784 m, einfacher Gastbetrieb), 2¹/₂ Stunden. Westlich über begrünte Fläche, hinauf durch Felsschlucht, am Nordabfall der Grafenberger Miesberge vorbei über flachen Sattel, südwestlich und westlich zur Wegabzweigung im Grubach (Silberkarhütte) und hinauf über Karrengelände zur Feisterscharte (2193 m). Südlich hinab und Gegenanstieg zum Guttenberghaus mit prächtiger Aussicht.

3. Tag: Für die Besteigung des Hohen Dachstein müssen wir 7–8 Stunden ansetzen. Wieder hinauf zur Feisterscharte. Nun meist nordwestlich, die Eselstein-Flanken querend, zum Fuß des Landfriedsteins (2540 m). An ihm vorbei, immer in gleicher Richtung, mehrfach auf- und absteigend, zum Fuß des Mittersteins (2414 m) und zum Nordrand des Schladminger Gletschers. Über ihn südwestlich – vorbei an der Dachsteinseilbahn-Bergstation – zum Gjadsteinsattel (2647 m) und westlich über den Hallstätter Gletscher zur Seethalerhütte (früher Dachsteinwartehütte, 2740 m, einfache Bewirtschaftung, Notunterkunft). Der ungesicherte und bezeichnete Rand-

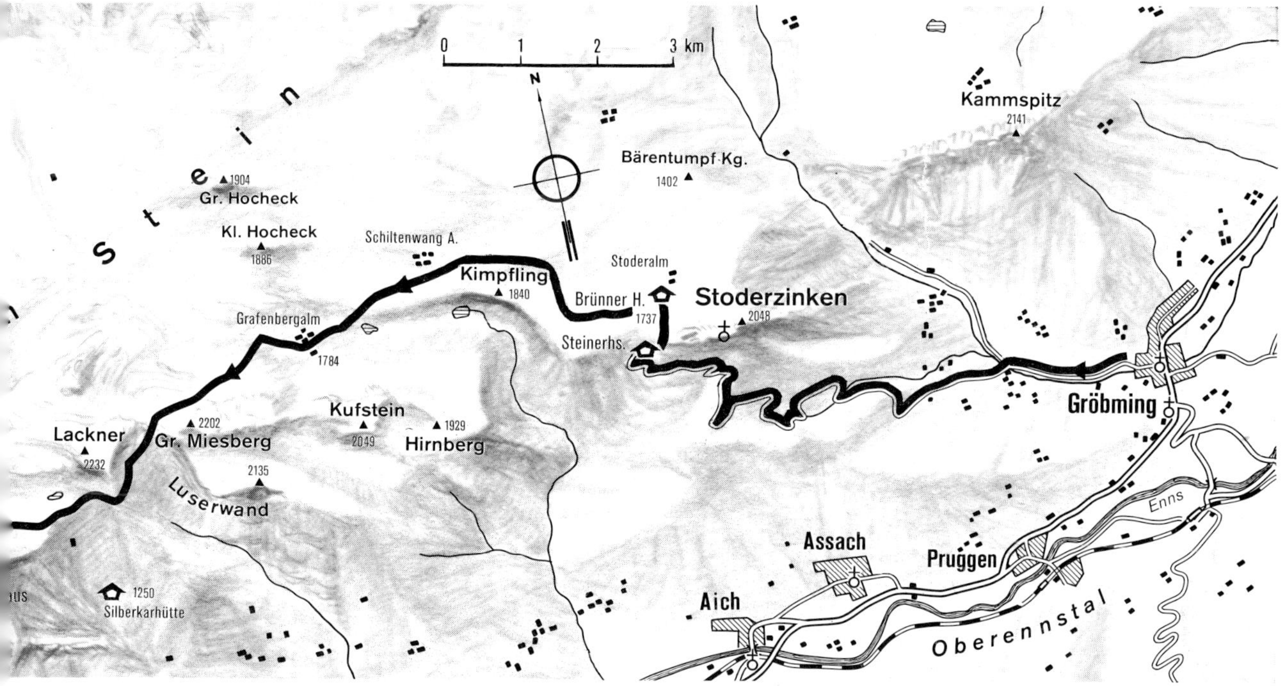

101

Hoch über den Dachstein

kluft-Anstieg auf den Hohen Dachstein ist unmöglich zu verfehlen (den Leuten nach!) und fordert 1 Stunde. Wieder zurück, erfolgt der Abstieg nördlich über den Hallstätter Gletscher, östlich am Eisstein vorbei, zuletzt über Moränenrücken zur Simonyhütte (2203 m, 1³/₄ Stunden, nur bei guter Sicht!).

4. Tag: Über den Hohen-Trog-Sattel (2354 m) in 5 Stunden zur Adamekhütte (nur bei guter Sicht!). Auf gutem (bezeichnetem) Weg westlich hinauf in das Wildkar und über gestuften Felssporn in den Hohen-Trog-Sattel, von dem aus der Hohe Ochsenkogel (2525 m) ohne Schwierigkeit in 15 Minuten erstiegen werden kann. Weiter durch eine Mulde in die nächste Scharte, von ihr steil hinab und nach links zum Hoßwandgrat, unterhalb von ihm über Karrenplatten, um den Hoßkogel-Nordfuß herum

und südwestlich hinauf in die Hoßwandscharte (2197 m, 2¹/₂ Stunden). Südwestlich über Karrenfelder, am Schreiberwandeck vorbei, und südöstlich zur Adamekhütte (2196 m).

5. Tag: Über den Linzer-Steig in 5 Stunden zur Hofpürglhütte (1705 m), der nur bei sicherem Wetter begangen werden sollte. Südlich hinauf zum Torsteineck (2259 m), an Sicherungen hinab ins Kar, hinauf über Geröll, Platten und eine 8 Meter hohe Wandstufe (Sicherungen), dann quer über die Hochkesselkopf-Nordflanke auf das Hohe Hochkesseleck (2260 m); den Steiganlagen folgend zum Reißgangsattel (1954 m, 2 Stunden) und südlich durch die Reißgangschlucht (Sicherungen) hinab zum Verbindungsweg Hofpürglhütte-Dachsteinsüdwandhütte; auf ihm westlich und südlich zur Hofpürglhütte.

Oben: (v. r.) Torstein, Mitterspitz, Dachstein, Dirndl und Koppenkarstein. Rechts: Dachstein mit Gosaugletscher.

6. Tag: Über den Steiglpaß in 2¹/₂ Stunden zum Vorderen Gosausee. Auch der Steiglweg erfordert Trittsicherheit: Auf dem schon bekannten Weg zurück zur Abzweigung des Linzer Steiges, links (nördlich) hinauf – Drahtseile – zum Steiglpaß (2012 m). Nördlich hinab, an der phantastischen Felssäule des Däumling vorbei, durch die Mulde der Eisgrube und nordwestlich hinab zur Scharwandhütte (1360 m, ÖAV, unbewirtschaftet) und zum Gasthaus Gosausee am Vorderen Gosausee (933 m); Busverbindung nach Gosau (7 km) und zum Bahnhof Steeg-Gosau der Linie Attnang-Puchheit–Steinach–Irdning (Gröbming).

2 Lechtaler Berge

Lechtaler Alpen/
Österreich,
Tirol–Vorarlberg

Der etwa 55 km lange
Lechtaler Höhenweg
führt über 6 Hütten,
12 Jöcher, 4 Gipfel,
vorbei an 6 kleinen
Bergseen und erschließt
eine hinreißende
Hochgebirgslandschaft.
<u>Beste Zeit:</u> August –
September
<u>Charakter:</u> erste Hälfte
leicht, dann teilweise
schwierig (Trittsicher-
heit)

<u>Gehzeit:</u> 2½, 4, 4–5,
4–5, 8–10 (!) und 7–8
Stunden pro Tag
(mit Gipfel)

Die Lechtaler Alpen sind Teil
der Nördlichen Kalkalpen und
haben folgende Umgrenzung:
Reutte – Lechtal – Lech am
Arlberg – Zürs – Flexenpaß –
Rauz – Arlbergpaß – Stanzertal
– Landeck – Inntal – Imst –
Fernpaß – Lermoos – Heiter-
wang – Reutte. Die Gesamtflä-
che der 60 km langen (West-
Ost) und bis 20 km breiten
Bergkette mißt knapp 1000
Quadratkilometer und gehört
weitgehend zu Tirol, lediglich
der schmale Streifen westlich
der Valluga zu Vorarlberg. Das

Gebirge besteht vorwiegend
aus Hauptdolomit und Gestei-
nen der Juraformation. Dieses
vielfach sehr brüchige Material
baut massige, durch tiefe Sen-
ken getrennte Hochgipfel auf,
die in der Regel jedoch nicht
allzu schwierig zu ersteigen
sind. Hauptgipfel ist die Parseierspitze (3036 m) nordwestlich von Landeck; an ihr befindet sich einer der wenigen
kleinen Gletscher, die sonst
nur noch an der Valluga
(2809 m) und an der Vorder-
seespitze (2889 m) auftreten.
Steile grüne Hochmatten, einsame Hochkare, in die oft
kleine Seen eingebettet sind,
graue Zacken und düstere
Wände mit riesigen Geröllhal-
den und dann wieder große
Latschenfelder prägen das Bild

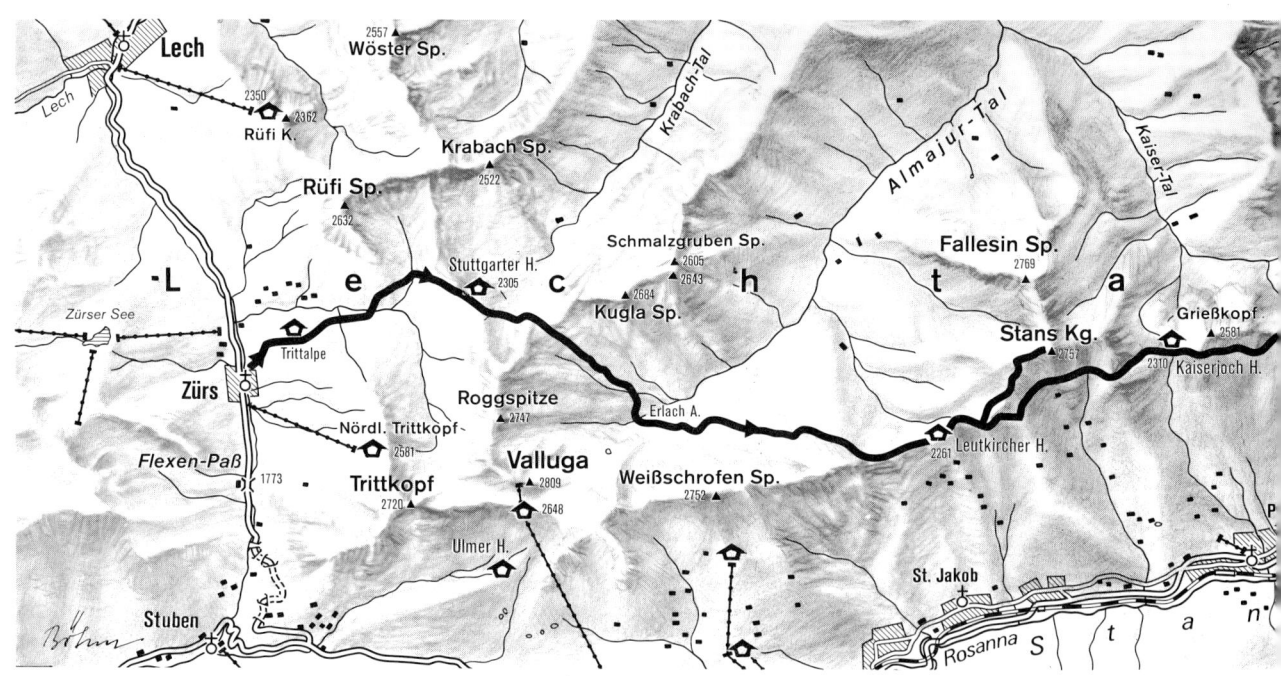

der Lechtaler Alpen. Ihre geologische Vielfalt ist nicht zuletzt der Grund eines ungewöhnlichen Reichtums an alpiner Flora, der wir auf unserer Wanderung – von wenig Ödlandabschnitten abgesehen – täglich begegnen: große Zirbenbestände, Alpenrosenfelder, aber auch botanische Seltenheiten wie Schwefelgelbe Anemone, Küchenschelle, Gletscherhahnenfuß, Heilglöckl, Alpenhauswurz u. a. Auch die Tierwelt ist hier noch in Ordnung: Gemsen, Rotwild, viele Murmeltiere, Schneehase, ungewöhnlich viele Mauerläufer – die »besten Kletterer der Welt« –, Schneehühner, und wenn wir Glück haben, werden wir von einem Steinadler-Paar umkreist. Genug der Naturbe-

lehrungen – die Lechtaler Alpen sind auf der Hauptkamm-Linie wie geschaffen für eine Überschreitung, und der Lechtaler Höhenweg – im letzten Drittel vor allem als »Augsburger Höhenweg« bekannt – gehört zweifellos zu den großartigsten Möglichkeiten, die dem Hochgebirgswanderer in den Ostalpen geboten sind:
1. Tag: Zürs – Stuttgarter Hütte. **2. Tag:** Erler Joch – Leutkircher Hütte. **3. Tag:** Stanskogel – Kaiserjoch-Haus. **4. Tag:** Kridlonscharte – Hinterseejoch – Alperschonjoch – Flarschjoch – Ansbacher Hütte. **5. Tag:** Winterjoch – Parseierscharte – Darwinscharte – Augsburger Hütte. **6. Tag:** Parseierspitze – Pians bei Landeck. Jeder Tag vermittelt ein

Panorama-Erlebnis großen Formates: Bregenzerwald- und Lechquellengebirge, Verwall, Rätikon, Silvretta, Samnaungruppe, Ötztaler Alpen, Wettersteingebirge, Allgäuer und Ammergauer Alpen, sogar Ortler und Bernina können wir von den Gipfeln aus erkennen. Einen Schönheitsfehler hat die Route, und den muß man kennen, mit seinem Problem muß man sich auseinandersetzen: die Wegstrecke des fünften Tages von der Ansbacher zur Augsburger Hütte, die 8 bis 10

Nächste Doppelseite: Links: Roggspitze (l.) und Valluga vom Pazieltal. Rechts: Die Parseiergruppe, im Talgrund Landeck.

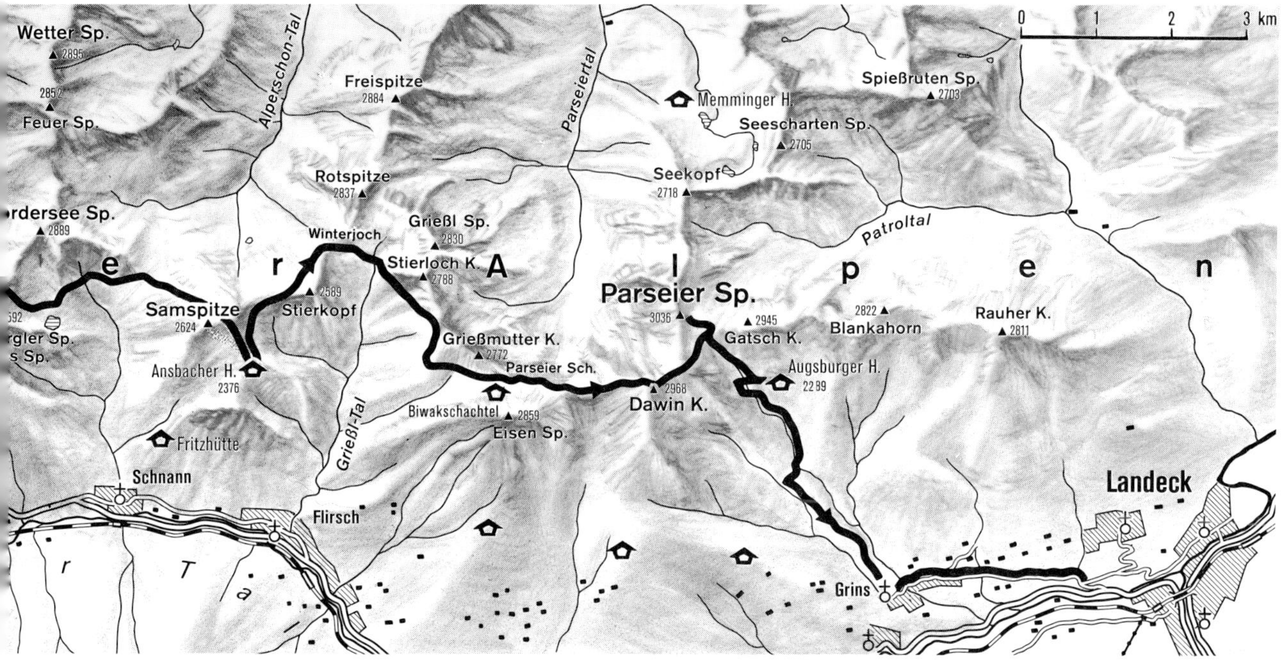

Lechtaler Berge

Almajurtal und -joch von der Roggspitze mit Fallerstaiß- spitze und Weißschrofen (r.).

Stunden erfordert, und zwar ohne Parseierspitze, die wir zuletzt, bei der Patrolscharte, zum Greifen nahe vor uns haben. Aber wir sind hier meist schon in Zeitnot, müssen hinab zur Augsburger Hütte und können den Gipfel erst am nächsten Tag angehen. Gewiß, auf der Parseierscharte – 4–5 Stunden von der Ansbacher Hütte – gibt es die Minihütte »Augsburger Biwak« mit vier Schlafplätzen, aber auf sie

sollten wir uns nicht verlassen, denn auf dem Augsburger Höhenweg sind meistens nicht nur vier Bergsteiger unterwegs! Also müssen wir die Ansbacher Hütte zur westalpinen Morgenzeit (vier Uhr) verlassen, um genügend Zeitreserven zu haben.

Für unterwegs

1. Tag: Das Fahrzeug parken wir am besten in Landeck oder Langen am Arlberg – Schnellzugstationen der Bahnlinie Innsbruck–Bregenz – und fahren von Langen mit dem Bus

über den Flexenpaß nach Zürs (13 km, 1717 m). Von hier rechts (nordöstlich) auf nicht zu verfehlendem Weg, an der Trittalpe (1946 m, Milchausschank) vorbei, durchs Pazüeltal und zuletzt steil zur Stuttgarter Hütte (2305 m, 2 Stunden) auf dem Krabachjoch; lohnend die Besteigung der Erlispitze (2634 m, 1 Stunde).
2. Tag: Über Erlijoch und oberstes Almajurtal zur Leutkircher Hütte (2261 m, 4 Stunden). Auf gutem, bezeichnetem Weg (Nr. 644) südöstlich hinauf ins Erli- oder Erlerjoch (2430 m) und jenseits über Almmatten hinab zum Kartellboden (1900 m) im obersten Almajuratal, wo das imposante Horn der Roggspitze das Bild beherrscht. Aus dem Tal östlich hinauf, entlang der Fallerstaiß-Nordwände, und über Almböden zur Leutkircher Hütte unweit des Almajurjochs (2237 m), wo uns wieder ganz neue Ausblicke geboten sind.
3. Tag: Über Stanskogel (2757 m) zum Kaiserjoch-Haus (2310 m), 4 Stunden; ein gemütlicher, ungemein reizvoller Tag. Von der Hütte zunächst östlich zum Westfuß des Hirschpleißkopfes (2546 m), wo rechts der direkte Weg zum Kaiserjochhaus führt. Wir halten uns hier nach links (nördlich) hinauf, umgehen den Hirschpleißkopf und deponieren bei der nächsten Abzweigung – Verbindungsweg zum Kaiserjoch–Haus–Direktweg – das Hauptgepäck. Nun auf

Steig über den Südwestkamm und Westrücken ohne Schwierigkeit auf den Stanskogel, einer der lohnendsten Lechtaler Aussichtsgipfel, 2 Stunden. Auf der gleichen Route wieder hinab zum Gepäck, dann östlicher Abstieg zum Hauptverbindungsweg Leutkircher Hütte – Kaiserjoch-Haus, das wir nordöstlich nach weiteren 2 Stunden problemlos erreichen (lediglich kurz vor dem Haus ein wenig ausgesetztes Gelände).

4. Tag: Über Kridlonscharte und Alperschonjoch in 4–5 Stunden zur Ansbacher Hütte (2376 m). Schlüsselstelle dieses Wegabschnitts sind im letzten Drittel die Steilrinnen in der Vorderseespitze-Südflanke (Drahtseile), die Trittsicherheit erfordern; es erwarten uns insgesamt 320 m Abstieg und 350 m Aufstieg. Zunächst östlich der Kreuzkopf-Südflanke entlang und nördlich hinauf in die Kridlonscharte (2365 m); jenseits unten der schöne Hintersee. Entlang der Furglerspitze-Nordwestflanke und aufsteigend – Wegteilung zur nördlichen Simmshütte – ins Hinterseejoch (2484 m). Östlich hinab ins Vorderseekar, oberhalb des Vordersees vorbei; und entlang der Vorderseespitze-Südflanke aufs Alperschonjoch (2303 m). Kurzer Abstieg und östlich zum Verbindungsweg von der Simmshütte; auf ihm südöstlich hinauf zum Flarschjoch (2464 m), von dem südlich absteigend die Ansbacher Hütte schnell erreicht wird. Wer hier noch unternehmungslustig ist, besteigt den Ansbacher Hüttenberg Samspitze (2624 m) mit sehr lohnender Aussicht; ein Weg sogar für die Oma (45 Minuten).

5. Tag: Über Parseierscharte in 8–10 Stunden zur Augsburger Hütte – der harte Brocken unserer Tour (in der Hütte Proviant ergänzen!). Auf bekanntem Weg zurück bis unter das Flarschjoch und nordöstlich zum Winterjöchl (2528 m). Gleich anschließend beginnt südöstlich die lange Querung (Weg-Nr. 633) der Westflanken von Stierloch-, Schwarzloch- und Grißmutterkopf (Seilsicherungen) in die Parseierscharte (2604 m, Biwakschachtel, 4–5 Stunden). Dann östlich durch die Eisenspitze-Nordflanke (Drahtseile) und übers Gelbe Schartl in die Darwinscharte (2650 m, Notabstieg nach Süden möglich). Östlich auf der Südseite des Grates in Scharte und über den Nordwestgrat auf den Darwinkopf (2970 m), über den gesicherten Ostgrat hinab zum kleinen Krinner Ferner und südöstlich zur Augsburger Hütte.

6. Tag: Nördlich auf gutem Weg zum Gatschkopf (2945 m), westlich hinab in die Patrolscharte (2846 m) und links zum Einstieg der Normalroute über die Südostflanke auf die Parseierspitze (3036 m, 2½ Stunden), deren Markierung kaum zu verfehlen ist. Bis hinab zum Einstieg auf gleicher Route, dann auf dem bereits vom Vortag bekannten Weg zurück zur Augsburger Hütte und Talabstieg über Pians nach Landeck (2½ Stunden).

Stuttgarter Hütte am Beginn der Lechtaler-Alpen-Überschreitung oberhalb Zürs.

Klostertaler Alpen

Links: Blick vom Spullersee gegen Verwallgruppe im Lechquellengebirge.

Lechquellengebirge/ Österreich, Vorarlberg

Die Wanderung vom Arlberg durch die Klostertaler Berge nach Bludenz ist eine ungefährliche Familientour durch eine heitere Landschaft mit lohnenden Aussichtsbergen.
<u>Beste Zeit:</u> Mitte Juli – Mitte September

<u>Charakter:</u> Ohne Rote Wand leicht
<u>Gehzeit:</u> 2½, 3½, 4½– 5, 4–5, 6–8 und 2½ Stunden pro Tag (mit Gipfelbesteigungen)

Der Name »Lechquellengebirge« für die Berge zwischen Flexenpaß (Osten) und Großwalsertal (Westen), zwischen Hochtannbergpaß (Norden) und Klostertal (Süden) ist eine Neuschöpfung des Führer-Autors Walther Flaig, der sich um diese Bergwelt verdient gemacht hat. Früher kannte man dieses ungewöhnlich reizvolle und noch nicht überlaufene Berggebiet als Klostertaler Gruppe der Lechtaler Alpen,

denen die Berge westlich des Arlbergs in jeder Beziehung zuzuordnen sind. Mit Lechquellengebirge hat Flaig jedoch unbestritten die treffendste Bezeichnung geprägt. Das Ost-West-Rechteck dieser verträumten Bergwelt mißt 15 mal 30 Kilometer und gehört fast ganz zum Vorarlberger Landesbezirk Bludenz. Weitere wichtige Talorte sind Dalaas und Wald (Klostertal), Lech und Zug (Arlberg), Schröcken (Bregenzerwald) und Sonntag (Großwalsertal). Geologisch gehören die Lechquellenberge zu den Nördlichen Kalkalpen, wenn auch der Aufbau weit vielschichtiger und komplizierter ist als z. B. der des Wetterstein- oder Kaisergebirges. Man findet hier Berge aus eisenfestem Kalk wie an der

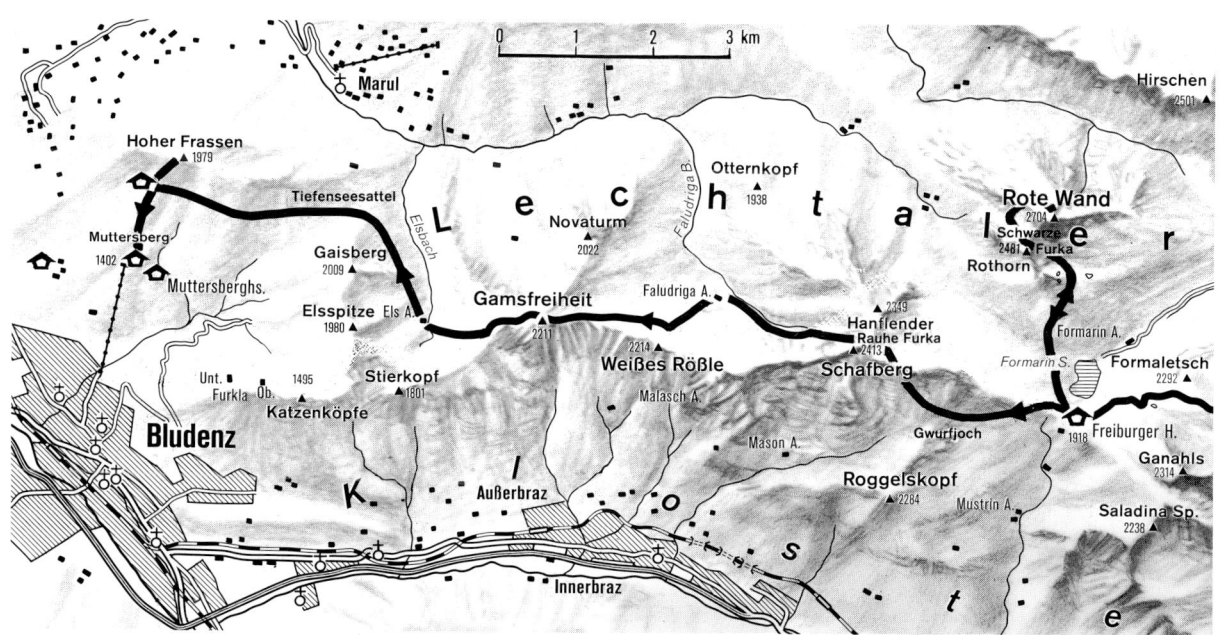

Roggalspitze oder am Schafberg, dann wieder Berge aus unglaublich brüchigem Kalkfels. Wer sich mit Klettern nicht anfreunden kann, wird als Hochgebirgswanderer vom Lechquellengebiet mit seinen romantisch gelegenen Seen und den oft bizarren Bergen mit ihren wenigen Minigletschern begeistert sein. Es gibt zwar nur fünf Bergsteigerhütten, aber sie reichen auch für den Wanderer vollkommen aus, weil viele Unternehmungen direkt vom Tal aus gestartet werden können. Die durchschnittliche Gipfelhöhe der Lechquellenberge liegt zwischen 2300 und 2500 Metern; höchster Berg der Gruppe ist das behäbige Massiv der Roten Wand (2706 m) am Formarinsee oberhalb von Dalaas. Manche

Bergnamen sind ungewöhnlich: Fensterlewand, Feuerstein, Misthaufen, Mehlsack oder Pfaffeneck. Die »Klostertaler«, wie diese Berge von Kennern kurz genannt werden, sind Teil meiner Ur-Bergheimat. Hier unternahm ich meine ersten alpinistischen Gehversuche – und ich bin glücklich, in dieser herrlichen Berglandschaft aufgewachsen zu sein, einer Landschaft, die mich immer wieder fasziniert.

Am schönsten und erlebnisreichsten lernt man diese Bergwelt kennen auf der Wanderung vom Arlberg im Osten bis nach Bludenz im Westen: **1. Tag:** Zug bei Lech – Ravensburger Hütte. **2. Tag:** Besteigung des Spullerschafberges. **3. Tag:** Ravensburger Hütte – Gehrengrat – Freibur-

ger Hütte. **4. Tag:** Besteigung der Roten Wand. **5. Tag:** Freiburger Hütte – Gamsfreiheit – Frassenhütte. **6. Tag:** Hoher Frassen – Muttersberg – Bludenz.

Die Besteigung der Roten Wand erfordert Trittsicherheit und für den fünften Tag braucht es für die Orientierung gutes Wetter; ansonsten sind keinerlei Gefahren oder Schwierigkeiten geboten. Wir können unbelastet wandern und die Landschaft genießen.

Für unterwegs

1. Tag: Das Fahrzeug wird am besten in Bludenz – Schnellzugstation an der Linie Wien–Zürich – geparkt. Mit Bahn nach Langen am Arlberg und mit Bus nach Lech und Zug (1510 m), von wo südlich durch das Hochtal des Stierlochbaches zum Stierlochjoch (2009 m) hinauf und, kurz absteigend, die Ravensburger Hütte (1947 m) in 2½ Stunden erreicht wird. Wer aber die etwas komplizierte und auch langwierige Busverbindung von Langen am Arlberg nach Lech scheut, kann direkt von Langen (1174 m) zur Ravensburger Hütte aufsteigen: guter, bezeichneter Weg durchs Wälditobel und Rindertäli zur südlichen Spullersee-Staumauer

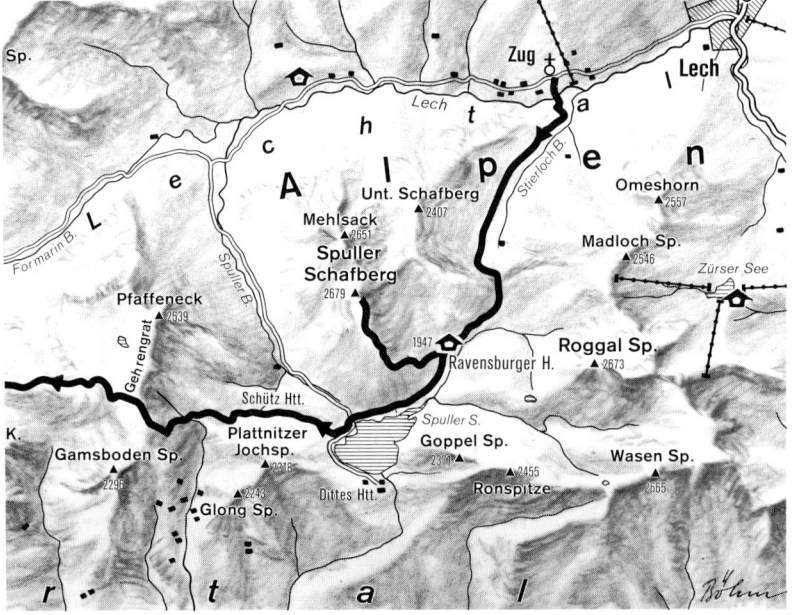

Rechts: Die Freiburger Hütte mit Formarinsee und Roter Wand.

Klostertaler Alpen

(1827 m) und über das Ostufer des Sees zur Hütte, 3–3¹/₂ Stunden (also nur eine halbe bis eine Stunde länger und sehr reizvoll).

2. Tag: Besteigung des sehr lohnenden Aussichtsberges Spullerschafberg (2679 m) in 2–2¹/₂ Stunden. »Schafberg« ist zwar kein attraktiver Name, den man jedoch angesichts der

Die Roggalspitze gehört zu den formschönsten Bergen im Lechquellengebirge.

großartigen Gipfelschau schnell vergißt. Der Steig beginnt direkt bei der Hütte (Tafel), er ist gut angelegt und bezeichnet, so daß er keiner weiteren Beschreibung bedarf. Die Aussicht reicht über Ötztaler Alpen und Bernina bis zu den Glarner Alpen; ganz nahe imponieren die Berge des Verwall, Rätikon, der Silvretta und Allgäuer Alpen. Abstieg auf dem gleichen Weg zur Hütte, 1 Stunde; ein gemütlicher Tag also.

3. Tag: Über Spullersee – Gehrengrat – Steinernes Meer zur Freiburger Hütte (1918 m) in 4¹/₂–5 Stunden. Von der Hütte südwestlich hinab zur nördlichen Spullersee-Staumauer und über sie zum Fahrweg von Zug (Parkplatz, 30 Minuten). Auf dem Fahrweg etwa 500 Meter westlich zur Abzweigung des Gehrengratsteiges. Nordwestlich hinauf, entlang des Lärchenbaches und an der Schützalphütte (1974 m) vorbei, bis kurz vor das Schützjöchle (2103 m, 45–60 Minuten). Rechts (westlich) weiter ins Hochtal des Dalaaser Schütz, südlich steil hinauf und rechts auf dem Gehrengrat und zu P. 2439. Abstieg nach Westen, der Markierung folgend über das Karrengelände des Steinernen Meeres und westlich hinab zur Freiburger Hütte oberhalb des romantisch gelegenen Formarinsees.

4. Tag: Besteigung der Roten Wand (2704 m) auf gesichertem und bezeichnetem Alpenvereinssteig. 3¹/₄–4 Stunden (Abstieg 2–2¹/₂ Stunden). Natürlich besteigen wir dieses mächtige Massiv mit seiner imposanten Südwand und grandiosen Aussicht nur bei guten Verhältnissen und sicherem Wetter – nur dann haben wir keine Probleme und viel Spaß; der Weg ist nicht zu verfehlen: über Schwarze Furka (2363 m), oberes Sättele im Westgrat, durch die Nordwestflanke auf den Nordgrat

und über ihn zum Gipfel; Abstieg auf gleicher Route.

5. Tag: Von der Freiburger Hütte über Rauhe Furka – Gamsfreiheit – Elsalpe – Tiefenseesattel zur Frassenhütte, 6–8 Stunden; einsamster Abschnitt der ganzen Route, teilweise weglos, aber durchgehend gut markiert und ohne nennenswerte Schwierigkeiten. Zunächst westlich zum Gwurfjoch (2070 m, 1¹/₂ Stunden). Aus ihm nordwestlich über Stufe zum Fuß des Schafberg-Gaiskopf-Verbindungsgrates. Auf Steigspuren hinauf in die Scharte am Schafberg-Ostgratfuß (ca. 2290 m, 40–50 Minuten). Nun die Schafberg-Nordostflanke querend, in die südlichste Senke der Rauhen Furka (ca. 2260 m).

Auf Steigspuren westlich hinab ins Faludriga-Kar und zur Faludriga-Alpe (1715 m, Notabstieg nach Marul in 2 Stunden möglich). Jetzt zuerst westlich, dann südlich – Wegspuren – hinauf in den Faludrigasattel (1984 m, zwischen Weißem Rössle und Gamsfreiheit). Von hier über Gras- und Schrofenrücken auf den Nordostgrat und über ihn zum Gamsfreiheitgipfelkreuz (2211 m, 4¹/₄–5 Stunden von der Freiburger Hütte). Nun in 1 Stunde auf Steigspuren über den Nordwestgrat hinab in eine Scharte und weiter links absteigend über die Südwestflanke zur Elsalpe (1954 m, Getränke). Nordwestlich fast eben zum Tiefenseesattel (Wegtafel) und leicht aufstei-

Die Freiburger Hütte mit dem wuchtigen Massiv der Roten Wand, die ohne Schwierigkeiten bestiegen werden kann.

gend westlich zur Frassenhütte (1725 m, 1¹/₂ Stunden) oder links direkt hinab zum Muttersberg (1402 m, Seilbahn, Gasthof, 1 Stunde). Leichter und zeitlich kürzer (5–6 Stunden) ist folgender Übergang von der Freiburger zur Frassenhütte: Gwurfjoch – Masonalpe – Malaschalpe – Altofen-Jagdhütte – »Drei Türme« (Hinterbirgtürme) – Elsalpe.

6. Tag: Besteigung des Hohen Frassen (1979 m, 1 Stunde), der nochmals eine sehr schöne Aussicht vermittelt, und Abstieg zum Muttersberg (1402 m, Seilbahn nach Bludenz).

Verwallgruppe/
Österreich,
Tirol–Vorarlberg

Die Ost-West-Durchquerung des Verwall ist ein Hochgebirgsvergnügen für Könner, die Einsamkeit lieben und sich an der Herbheit der Zentralalpen begeistern können.

<u>Beste Zeit:</u> August – September

<u>Charakter:</u> teils schwieriges und oft anstrengendes Unternehmen

<u>Gehzeit:</u> 7 Tage mit täglich 3, 3, 6, 6, 4, 7 und 5 Stunden

Das Verwall ist eine Art Dauphiné der Ostalpen – eine herbe, oft ernst anmutende Hochgebirgslandschaft. Mit steilen, dunklen Felsbergen aus Gneis, die Flanken oft von Eisrinnen durchrissen, umgeben von riesigen, großblockigen Geröllkaren mit vielen kleinen Seen und einigen kleinen Vergletscherungen. Weiter unten spärliche Alpmatten, der Saum lichter Zirbenbestände und dunkle Fichtenwälder. Sprachforscher sind sich übrigens heute noch nicht einig über Verwall oder Ferwall – aber lassen wir das. Die Verwallgruppe bildet den nordwestlichsten Teil der zentralen Ostalpen. Das Gebirge ist mit Hütten und Wegen gut erschlossen; Bergbahnen gibt es nur in einigen wenigen Randgebieten bei St. Anton, Stuben, Klösterle am Arlberg und

Schruns im Montafon. Im Verwall betrat ich als Elfjähriger erstmals einen Gletscher (Eisentaler), als Zwölfjähriger meinen ersten Dreitausender (Patteriol, 3056 m) – und hier glückten auch einige meiner frühen Erstbegehungen (Pflunspitzen-Westwände). Das Verwall hat mich als Wanderer, Kletterer und Skibergsteiger immer wieder angezogen, und es ist eine stille Liebe geblieben für mich. Unsere Ost-West-Verwallroute hat eine Länge von etwa 75 km, führt über fünf Jöcher, vorbei an zehn Seen zu sechs Hütten und auf drei leichte, aber sehr lohnende Aussichtsberge. Bergsteigerische Schwierigkeiten sind allein am vorletzten Tag im Rahmen der Eisentalerspitzen-Überschreitung geboten (Schwierigkeitsgrad I = »leicht«). Aber wer sich das nicht zutraut, kann diesen Abschnitt ausklammern, von der Reutlinger Hütte durchs Gaflunatal ins Silbertal und nach Schruns wandern – dann ist die Verwalltour ein vollkommen problemloses Unternehmen:

1. Tag: von Kappl im Paznauntal zur Niederelbehütte (3 Stunden). **2. Tag:** Besteigung der Kreuzjochspitze

Links: Blick von der Reutlinger Hütte gegen Lechquellengebirge mit Rote Wand (l.). Rechts: Der Patteriol, einer der schönsten Berge des Verwall.

(2919 m, 3 Stunden). **3. Tag:** Niederelbehütte – Kieler Wetterhütte – Darmstädter Hütte (5–6 Stunden). **4. Tag:** über den Scheibler zur Konstanzer Hütte (5–6 Stunden). **5. Tag:** Gafluna-Winterjöchle – Reutlinger Hütte (3–4 Stunden). **6. Tag:** Eisentalerspitzen (2753 m) – Wasserstubenjoch – Muttjöchle – Kristbergsattel (6–7 Stunden). **7. Tag:** Itonsalpe – Davennakopf – Bludenz (4–5 Stunden).

Am Ende dieser ungewöhnlichen Tour kennen wir nicht nur die schönsten Verwallgebiete, denn die Berge der nahen Samnaun-, Silvretta-, Rätikongruppe, der Lechtaler Alpen und des Lechquellengebirges bilden die Kulisse. Die Mitnahme eines Eispickels ist für kurze Abschnitte vorteilhaft, aber für erfahrene Geher nicht unbedingt notwendig. Dagegen brauchen wir für die Reutlinger Hütte einen Alpenvereinsschlüssel, denn sie ist eine Selbstversorger-Hütte und meist nicht besetzt (wer keiner Alpenvereinssektion angehört, wandert am fünften Tag von der Konstanzer Hütte durchs Pfluntal aufs Gafluna Winterjöchle und durchs Gaflunatal

hinab ins Silbertal, um nach 5–6 Stunden den Kristbergsattel zu erreichen und wieder den Anschluß an die Hauptroute zu bekommen.

Für unterwegs

1. Tag: Das Fahrzeug parken wir am besten in Landeck an der Bahnlinie Innsbruck–Zürich–Lindau und fahren mit dem Postbus nach Kappl (1258 m) im Paznauntal (19 km). Von Kappl gibt es mehrere Aufstiegsmöglichkeiten zur Niederelbe-Hütte (2300 m). Die kürzeste und »schmerzloseste«: mit Sessellift zum Dias-Alpengasthof (1850 m), westlich – fast eben – zur Seßladalpe (1892 m) und durchs

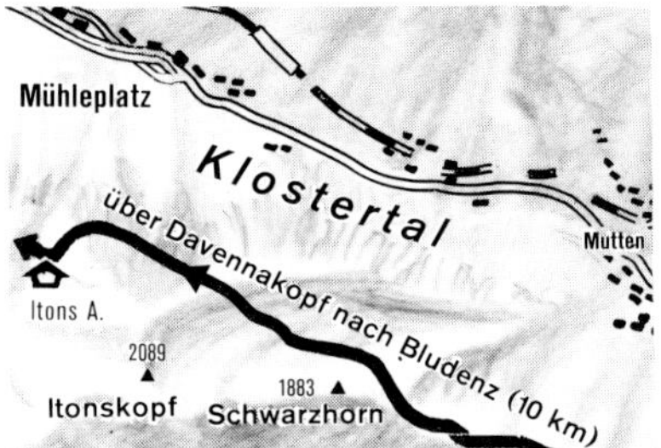

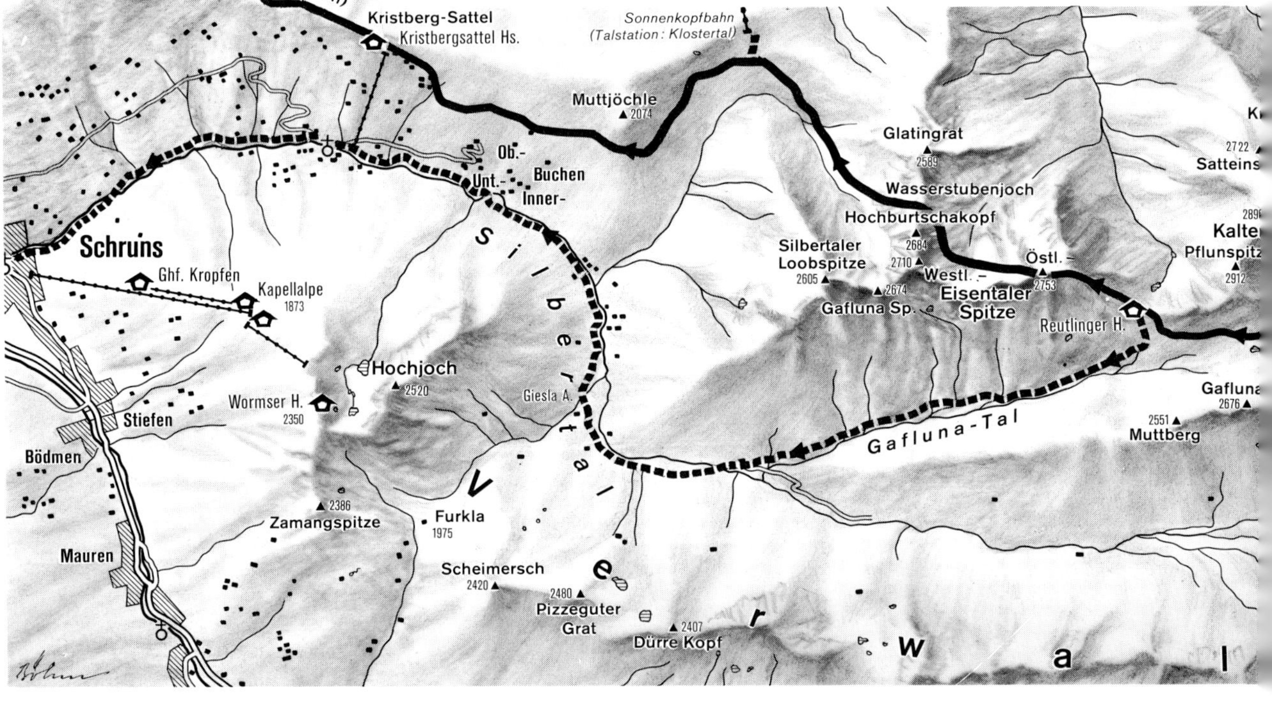

Seßladtal hinauf zur Hütte, 2 Stunden, in sehr schöner Lage beim Seßsee. Wer an diesem Tag noch mehr sehen will, unternimmt den 30-Minuten-Spaziergang zum östlich aufragenden Kapplerkopf (2404 m), der ungewöhnlich schöne Ausblicke vermittelt.

2. Tag: Durch die Besteigung der Kreuzjochspitze (2919 m) werden wir mit dem Verwall erst so richtig vertraut, denn sie gehört zu den lohnendsten Aussichtsbergen der ganzen Gruppe. Ohne Schwierigkeiten nördlich auf gutem, bezeichneten Steig, vorbei am Schotten- und Schwarzsee, in 2 Stunden zum Gipfel. Der Abstieg erfolgt auf der gleichen Route (1 Stunde).

3. Tag: Übergang auf dem »Hoppe-Seyler-Weg« zur Darmstädter Hütte, 5–6 Stunden; eine ganz hervorragende Höhenwanderung. Südlich in wenigen Minuten aufs Seßgratjöchl (2340 m), westlich hinab ins Fatlarkar, hinauf in die oberste Karmulde und südlich aufsteigend zur Östlichen oder Oberen Fatlarscharte (2809 m), in der sich die Kieler Wetterhütte (Notunterkunft für vier Personen) befindet, 1³/₄ Stunden. Nun südlich über Schrofen (Drahtseil) und westlich ins Vergrößkar hinab; von hier in Kehren hinauf ins Schneidjöchl (2841 m, 2 Stunden); phantastisches Panorama der Küchel-Kuchenspitze und Seeköpfe. Jenseits

unten sehen wir bereits die Darmstädter Hütte im obersten Moostal. Bald stoßen wir westlich absteigend auf den »Advokaten-Weg«, der uns in 1¹/₂ Stunden zur Darmstädter Hütte (2384 m) führt.

4. Tag: Auf dem »Apotheker-Weg« über Kuchenjoch (2730 m) und Scheibler (2978 m) in 5–6 Stunden zur Konstanzer Hütte (1765 m). Der Wegbezeichnung 514 folgend nordwestlich ins oberste Kartellkar, am Nordrand des Kuchenferners entlang und hinauf ins Kuchenjoch, wo uns der grandiose Blick zum Patteriol begeistert. Von hier ist die Besteigung des Scheiblers eine Sache von 30 Minuten (Steiganlage, herrliche Aus-

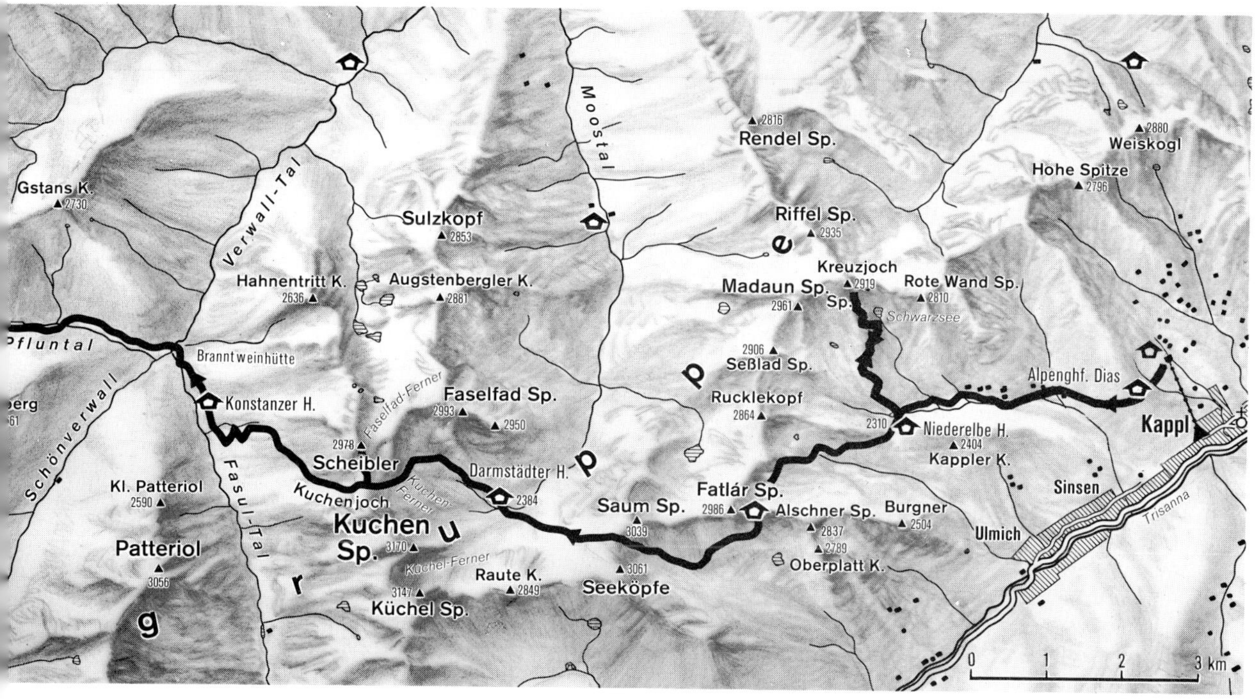

sicht). Wieder hinab zum Kuchenjoch und westlicher Abstieg zur lieblich an der Waldgrenze gelegenen Konstanzer Hütte.

5. Tag: Ein gemütlicher Tag zur Reutlinger Hütte, 3 Stunden. Auf Fahrweg hinab zur Branntweinhütte an der Rosanna (Verwalltal), westlich durchs einsame Pfluntal hinauf zum Gafluna Winterjöchle (2345 m) mit zwei kleinen Seen und weiter aufsteigend zur Reutlinger Hütte (2395 m) auf der Wildebene. Wer den Tag noch erlebnisreicher gestalten will, kann die Pflunspitzen (2912 m) von der Südscharte aus auf Steigspuren in 2 bis 2½ Stunden besteigen.

6. Tag: Über die Eisentalerspitzen (2752 m) und das Wasserstubenjoch (2436 m) zum Kristbergsattelhaus (1443 m), 6–7 Stunden (eine bequemere und leichtere Möglichkeit ist einleitend erwähnt). Von der Reutlinger Hütte zunächst nordwestlich auf bezeichnetem Weg, teils über harmlosen Gletscher, zur Östlichen Eisentalerspitze (= Hauptgipfel, 2752 m), 1¼ Stunden. Zwischen beiden Gipfelerhebungen westlich durch kurze, schmale Rinne in leichter Kletterei hinab zum spaltenfreien östlichen Teil des Westlichen

Links: Aufstieg zur Reutlinger Hütte, hinten die Pflunspitzen. Rechts: Wildebensee unterhalb der Reutlinger Hütte mit Pflunspitzen.

Eisentalergletschers, nordwestlich über Geröll hinab ins oberste Eisental und über leichte Schrofen hinauf ins Wasserstubenjoch (2436 m) zwischen Hochburtschakopf (2684 m) und Glattingrat (2589 m). Abstieg westlich auf Steigspuren zur Oberen Wasserstubenalpe (1734 m) und nördlich hinauf zur Bergstation des Sonnenkopf-Sessellifts (1843 m), 3–4 Stunden.

Nun in sehr schöner Wanderung südwestlich hinauf zum Muttjöchle (2074 m) und hinab zum Kristbergsattelhaus (1443 m, privat), 2½–3 Stunden.

7. Tag: Lieblicher Ausklang über Itonsalpe, Zwölfer- (1843 m) und Davennakopf (1708 m) nach Stallehr bei Bludenz (4 km), 4 Stunden, wo wir auf die Bahnrückfahrt nach Landeck (ca. 70 km) bestimmt nicht lange warten müssen.

5 Durch den Rätikon

Rätikongruppe/
Österreich, Vorarlberg
und Schweiz/
Graubünden

Die Ost-West-Durchquerung des Rätikon gehört zu den großzügigsten Hochgebirgswanderungen in den Ostalpen und führt uns auf vier ungewöhnlich lohnende Gipfel.
<u>Beste Zeit:</u> August – September
<u>Charakter:</u> leicht, nur wenig ausgesetzte Abschnitte
<u>Gehzeit:</u> an allen 7 Tagen durchschnittlich 5 Stunden

Im Rätikon habe ich meine alpinistischen Jugendjahre erlebt. Hier bestieg ich mit neun Jahren meinen ersten richtigen Kletterberg – und hier auch

entflammte sich meine große Bergbegeisterung, die mich immer wieder zurückführt in dieses Bergland wie zu einer alten Liebe. Der Rätikon ist eine der eigenwilligsten und interessantesten Berggruppen in den Ostalpen. Seine höchsten Berge erheben sich im Grenzkamm zwischen dem Fürstentum Liechtenstein, der Schweiz und Österreich (Vorarlberg): Schesaplana (2964 m), Drusenfluh (2827 m), Drei Drusentürme (2754 m) und Sulzfluh (2817 m). Der Rätikon gehört zwar noch zu den Zentralalpen, aber gesteinsmäßig hat er größtenteils den Charakter der Nördlichen Kalkalpen, obwohl riesige Urgesteinskeile in die Kalkmassive hineinreichen. Aber gerade das gibt diesem Berggebiet einen ganz besonderen Reiz. Der Rätikon bietet alles, was Wanderer und Bergsteiger

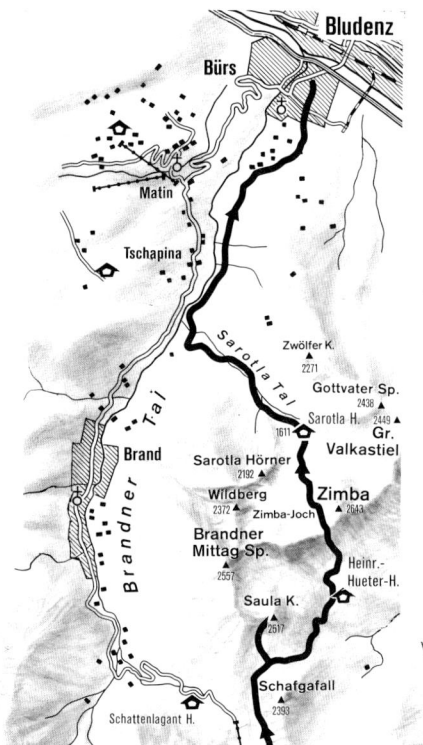

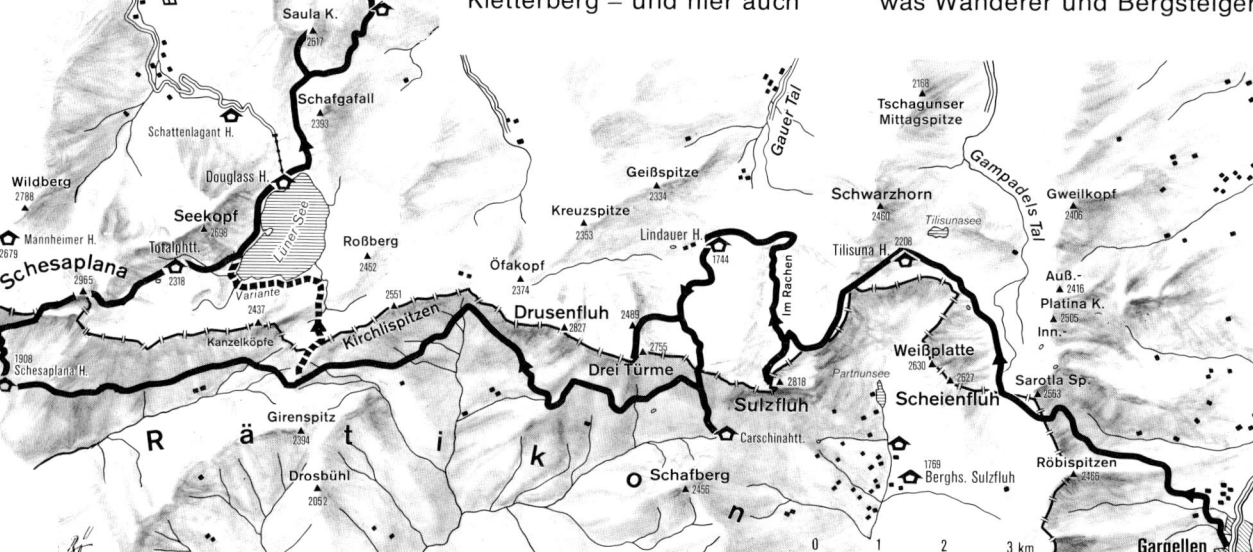

lieben. Bizarre Felstürme gibt es genauso wie wuchtige Gipfelgestalten oder breite Felskolosse mit 600 Meter hohen Steilwänden. Der Rätikon ist im Osten vom Gargellen- und Schlappintal, im Norden (NO) vom Illtal, im Westen vom Rheintal und im Süden vom Landquarttal (Prättigau) begrenzt; von Nord nach Süd 40 Kilometer lang, zwischen West und Ost 15 bis 20 Kilometer breit. Die Gipfelhöhen liegen zwischen 2000 und 3000 Metern; 26 Gipfel zwischen 2000 und 2500 m, 33 zwischen 2500 und 3000 m.

Ein gut durchdachtes Netz von Wanderwegen verbindet rund 50 Hütten und Berggasthöfe. Die wichtigsten Talorte sind Feldkirch, Bludenz, Tschaggguns (Vorarlberg), Vaduz, Steg (Liechtenstein), Schiers und St. Antönien (Schweiz).

Die außergewöhnlich reiche Flora ist durch den unterschiedlichen geologischen Aufbau dieser Berggruppe zu erklären. Wir begegnen nicht nur Blumen, die wir von den reinen Kalkgebirgen her kennen, sondern auch solchen, die meist nur in den kristallinen Gruppen der Zentralalpen zu finden sind. Denn der Rätikon besteht aus drei verschiedenen Gesteinsarten: Kalk, Schiefer und Gneis. Unsere Ost-West-Route durch den Rätikon hat eine Länge von etwa 80 km, so daß auf jeden der sieben Wandertage 11–12 km entfallen; wir lernen acht Hütten kennen,

überschreiten 8 Jöcher und viermal die Staatsgrenze (Ausweispapiere!) zwischen Österreich und der Schweiz, kommen an zwei schönen Seen vorbei und besteigen vier ungewöhnlich lohnende Aussichtsberge ohne sonderliche Schwierigkeiten:

1. Tag: Gargellen – Tilisunahütte. **2. Tag:** Sulzfluh – Lindauer Hütte. **3. Tag:** Großer Drusenturm – Drusentor – Carschinahütte. **4. Tag:** Golrosa – Schesaplanahütte. **5. Tag:** Schesaplana – Totalp-

Nächste Doppelseite: Links: Die Hueterhütte unterhalb der Zimba von Süden. Rechts: Der Lünersee vom Saulakopf im Rätikon.

Unten: Die Sulzfluh-Südabstürze mit Carschinahütte auf der Schweizer Rätikonseite.

Durch den Rätikon

hütte. **6. Tag:** Douglass-Hütte – Saulakopf – Heinrich-Hueter-Hütte. **7. Tag:** Zimbajoch – Sarotlahütte – Bludenz.
Die Tour sollte keinesfalls im Frühsommer unternommen werden, da sonst nordseitig gefährliche Altschneeflanken begangen werden müßten.

Für unterwegs

1. Tag: Das Fahrzeug hinterlassen wir am besten in Bludenz (Schnellzugstation an der Linie Innsbruck-Zürich/Lindau), fahren mit der Montafonerbahn nach Schruns (11 km)

Der Weg entlang der Südabstürze von Drusenfluh (l.) und Drusentürme.

und mit dem Bus weiter nach Gargellen 1423 m (13 km). Wenige Minuten unterhalb des Dorfes zweigt links (Wegtafel) der Weg ab in Richtung Tilisunahütte: über Röbialpe (1823 m), Sarotlapaß (2389 m, Grenze), Plasseggenpaß (2354 m, Grenze), Grubenpaß (2241 m) zur Tilisunahütte (2208 m), die wir nach 4½–5 Stunden erreichen; etwas unterhalb von ihr der schöne Tilisunasee.

2. Tag: Besteigung der Sulzfluh (2818 m), Abstieg durch den Rachen zur Lindauer Hütte (1744 m), 4–5 Stunden. Von der Tilisunahütte östlich über den Grashang, dann über kaum geneigten Fels zu P. 2446, am Beginn des riesigen

Karrenfeldes, das die Nordostabdachung der Sulzfluh bildet. Man folgt der Markierung südwestlich; rechts (Westen) der markante Gipfelklotz der Kleinen Sulzfluh. In einer weiten West-Süd-Ost-Schleife, zuletzt meist über Schnee, gelangt man ohne jegliche Schwierigkeit auf den Sulzfluh-Hauptgipfel (2817 m) mit Kreuz (2 Stunden). Die Aussicht ist auch auf diesem Gipfel prächtig, besonders eindrucksvoll der Blick zur nahen Scheinfluh-Westwand.
Der Abstieg erfolgt zunächst auf dem gleichen Weg (etwa 15 Minuten) bis P. 2665 (Wegtafel). Nun nicht rechts (östlich) auf dem Tilisunaweg weiter, sondern links (nördlich) hinab. Nach 400 Meter langem Abstieg (von der Abzweigung, markiert) führt der Weg plötzlich in spitzem Winkel links nach Südwesten und hinab in den »Rachen«. Tief unten ist im Wald bereits die Lindauer Hütte zu sehen. Durch den Rachen steil im Zickzack hinab zu den begrasten Böden »Auf den Bänken«. Nun auf den Bänken nördlich auf gut bezeichnetem Weg zu einem Wegpfeil, der nach links (Westen) gegen den Abbruch weist. Hier beginnt der Dajeng-Abstieg zur Lindauer Hütte, der zwar etwa 50 Minuten einspart, aber nur von absolut schwindelfreien und trittsicheren Touristen begangen werden kann (Drahtseilsicherungen; vom Fuße des Felsabbruchs über den steilen

Rasenhang hinab zu Latschen, dann der Markierung folgend zur Lindauer Hütte; vom Wegpfeil 30 Minuten). Felsungewohnte Begeher bleiben auf dem sicheren Weg, der (zuletzt steil) nach 20 Minuten bei P. 1684 endet. Westlich und südwestlich, nahe des Porzalengawaldes, erreicht man nach 30 Minuten die Lindauer Hütte, vom Sulzfluhgipfel 2 Stunden.

3. Tag: Großer Drusenturm (2830 m) – Drusentor – Carschinahütte, 5–6 Stunden. Die Besteigung auf bezeichnetem Weg ist zwar mühsam (3–4 Stunden), aber interessant und von einer großartigen Aussicht bis zu den Westalpen gekrönt: südlich hinauf in Richtung Drusentor, nach 1 Stunde Wegabzweigung, wo wir das Hauptgepäck deponieren. Rechts weiter aufsteigend zum »Bothaloch« und in den Sporertobel (meist Schnee, Vorsicht!), durch den die Ostflanke des Großen Drusenturmes und über sie der Gipfel erreicht wird. Abstieg auf gleicher Route zum Gepäck (1 Stunde), in 30 Minuten südöstlich aufs Drusentor (2343 m) und in 30 Minuten südöstlich hinab, zuletzt eben zur Carschinahütte (2221 m, SAC).

4. Tag: Superleichte und landschaftlich begeisternde Wanderung zur Schesaplanahütte. Zuerst wieder zurück bis unters Drusentor und immer westlich, fast auf gleicher Höhe, vorbei an den Südwän-

den der Drusentürme, Drusenfluh und Kirchlispitzen, über Golrosa (2128 m) zur Schesaplanahütte (1908 m, privat) am Südfuß der Schesaplana, 4¹/²–5 Stunden.

5. Tag: Besteigung der Schesaplana (2965 m, 3 Stunden) und Abstieg zur Totalphütte (2385 m, 1–1¹/² Stunden); hervorragende und bezeichnete Steiganlage (Trittsicherheit). Von der Hütte nördlich zum Beginn der eigentlichen Steiganlage durch die 350 Meter hohe Felsflanke, über die man unfehlbar den Schesaplanasattel (2728 m) am Westfuß der Gipfelpyramide erreicht; auf Weg über Südwestflanke und Südostgrat zum Gipfelkreuz. Abstieg vom Gipfel südlich über Schrofen, ein Stück dem Südostgrat folgend, und nach links (Osten) in die Steilmulde, auf Weg durch sie östlich hinab in das Hochkar »Tote Alpe« und zur Totalphütte. Wir könnten auch noch zur Douglass-Hütte (1 Stunde) abstei-

Die Zimba von Nordwesten. Rechts das Zimbajoch als Übergang unserer Tour.

gen, aber hier ist es ruhiger, schöner.

6. Tag: Über den Saulakopf (2517 m) zur Heinrich-Hueter-Hütte (1766 m), 4 Stunden. Zuerst hinab zur Douglasshütte (1979 m, Seilbahn nach Brand) am Lünersee, Aufstieg zum Saulajoch (2065 m, 1 Stunde) und aussichtsreichen Saulakopf (Auf- und Abstieg 1¹/²–2 Stunden); vom Saulajoch dann östlich hinab zur Heinrich-Hueter-Hütte, 1 Stunde.

7. Tag: Übers Zimbajoch (2387 m) nach Bludenz, 5–6 Stunden. Auf dem Zimbajochsteig (Sicherungen) nördlich in vielen Serpentinen hinauf zum Zimbajoch (1¹/²–2 Stunden) und nördlich hinab – Vorsicht bei Schnee! – zur Sarotlahütte (1611 m, 1 Stunde); Abstieg durchs Sarotla- und Brandnertal hinaus nach Bürs und Bludenz, 2–2¹/² Stunden.

127

Nonsberger Alpen/
Italien, Provinz Trento

In sechs Tagen auf dem
»Sentiero delle Bocchette« durch das wilde
Felsenreich der Brenta
zu wandern, vermittelt
oft atemberaubende
Erlebnisse.
<u>Beste Zeit:</u> Juli,
September
<u>Charakter:</u> meist ausgesetzte Klettersteiganlagen (absolute
Trittsicherheit)
<u>Gehzeit:</u> Die sechstägige Tour erfordert
täglich durchschnittlich
3–4 Stunden

Bevor die großartigsten, wilden
Brentaberge von den Fremden
entdeckt wurden, waren es für
die Einheimischen die »Felsen
von Stenico«, »Tovel-Berge«,
»Berge von Molveno«, »Tosa-
Berge« oder die »Berge der
Bocca di Brenta«. Brenta bedeutet im Italienischen Weinfaß
oder Bottich. Die Türme, Nadeln und mächtigen Massive
umsäumen tiefe Kare, Mulden

*Links: Blick von der Alimontahütte zur Bocca dei Armi und
zum Torre di Brenta.*

und trogartige Täler, nach denen wohl der Name des Gebirges entstanden sein mag. Der
Engländer John Ball, der 1864
die Bocca (= Scharte) di
Brenta überschritt, gilt als erster alpinistischer Brenta-Besucher. Aber die Cima Tosa
(3173 m), den höchsten Brentaberg, hat 1865 der Trentiner

Giuseppe Loss mit sechs Begleitern erstmals bestiegen,
und damit war der Reigen der
alpinistischen Eroberungen eröffnet.
Der weitgereiste englische Alpenerschließer Douglas W.
Freshfield berichtete über seinen Brentabesuch 1871: »Dort,
unter dem italienischen Him-

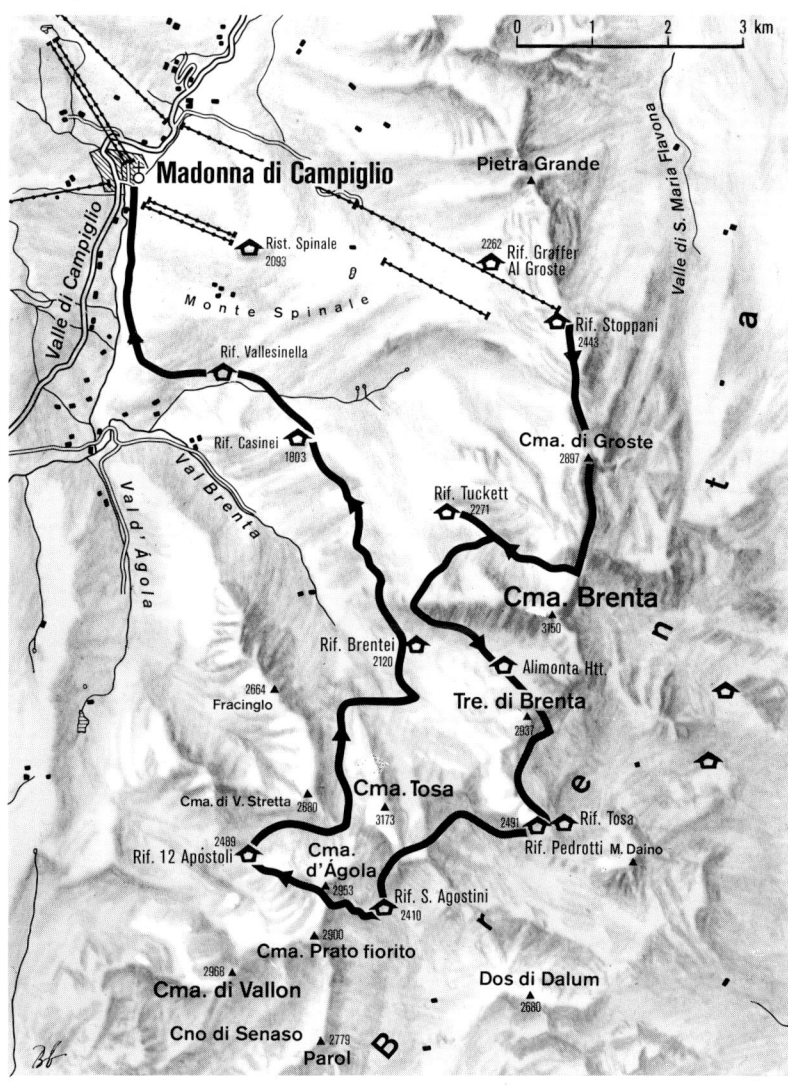

Brenta

Links: Der Sentiere delle Bocchette zwischen Bocca dei Armi und Campanile Basso (rechts) gehört zu den imposantesten Abschnitten des ganzen Brentaweges.

mel und umkränzt von südlichen Blumen und Pflanzen, stehen die phantastischen Felsengrate und die mächtigen Türme der Brenta den weiten Schneeflächen des Adamellos gegenüber. Bis jetzt sind die Schönheiten dieses Gebietes, das eines der faszinierendsten der Alpen ist, weder besucht noch beschrieben worden.« Das war eine Zeit!
Die Brentaberge sind von ihrem Aufbau her zwar »echte« Dolomiten, weshalb sie vielfach auch als »Brenta-Dolomiten« bezeichnet werden, in der klassischen Alpengruppen-Einteilung bilden sie jedoch eine Untergruppe der Nonsberger Alpen. Die Brenta-

gruppe westlich des breiten Etschtales hat eine Nord-Süd-Länge von 42 km und eine Ost-West-Breite bis 16 km. Hauptgipfel ist die Cima Tosa (3173 m). Für Bergsteiger, die den Schwierigkeitsgrad III (»schwierig«) nicht beherrschen, sind die meisten schönen Brentaberge tabu. Aber Hochgebirgswanderer, die absolut trittsicher und natürlich auch schwindelfrei sind, ist die Brenta ebenso ein bergsteigerisches Traumland wie für den scharfen Kletterer – auch ohne Gipfel zu sammeln. Denn die sechstägige Nord-Süd-Durchquerung der Brenta auf dem »Sentiero delle Bocchette« (= Weg über die Schärtchen)

gehört zu den großen bergsteigerischen »Pflichttouren«, die man kennen, erlebt haben muß. Der Bocchette-Weg besteht auf langen Abschnitten aus Klettersteiganlagen – Eisenleitern, Klammern, Drahtseile –, die für Geübte keinerlei Schwierigkeiten bieten, für Anfänger jedoch zu einem gefährlichen Unterfangen werden können. Mit dem Bau der Steiganlage – jeder Teilabschnitt hat seinen Eigennamen – wurde 1935 begonnen; sie ist ein Werk der Trentiner Sektionsgemeinschaft (SAT). Die Faszination dieses Felsenweges ist leider auch schon weltweit bekannt geworden, so daß in der Hochsaison sehr viele Begeher unterwegs sind. Also: im August nie! Mitte Juli ist eine gute Zeit, die zweite Septemberhälfte eine noch bessere, weil dann in den Rinnen und Schluchten auch keine gefährlichen Altschneereste mehr vorhanden sind. Zusätzlich zur herkömmlichen Klettersteigausrüstung ist die Mitnahme eines Eispickels oder für jeden Begeher Steigeisen (besser) unerläßlich. Man kann den Weg auch von Süd nach Nord begehen, aber landschaftlich am schönsten ist er von Nord nach Süd; nicht

Brenta

zuletzt auch deshalb, weil wir auf diese Weise der Grostè-Seilbahn einen großen »Aufstieg« überlassen können.

Für unterwegs

Das Fahrzeug lassen wir am besten auf dem großen Parkplatz bei der Grostè-Seilbahnstation oberhalb (nördlich) von Madonna di Campiglio am Brenta-Westrand.

1. Tag: Auf dem »Sentiero Alfredo Benini« vom Grostè-Paß (2443 m) über die Bocca di

Sfulminikette (l.), Campanile Basso (m.) und Brenta Alta vom Crozzon di Brenta.

Tuckett (2649 m) zur Tuckett-Hütte (2268 m), 4–5 Stunden. Von der Grostè-Seilbahnbergstation (2437 m) Aufstieg südöstlich über Karrenfelder zum Nordfuß der Cima Grostè, die östlich umgangen wird, und hinauf in die Bocca dei Camosci (2770 m, Gemsscharte). Nun auf Band (Drahtseile) entlang des Campanile dei Camosci, in der Cima-Falkner-Ostwand leicht ansteigend bis 2900 Meter (höchster Punkt). Hinab über Felsstufen und durch Rinnen auf die ostseitigen Terrassenbänder des Campanile di Vallesinella. Über wenig geneigtes Firnfeld, dann wird das Gipfelmassiv des

Dente di Sella umgangen. Über Geröllstufen und durch einen Kamin hinab in die Bocca di Tuckett und auf dem Orsiweg (Nr. 303) Abstieg zur Tuckett-Hütte (CAI).

2. Tag: Auf dem »Sentiero S. O. S. A. T.« zur Alimontahütte (2600 m), 3–4 Stunden. Zunächst östlich ein Stück in Richtung Tuckettpaß hinauf, dann südlich durch eine Schlucht, ab der wir den Steig nicht mehr verfehlen können: sehr interessantes Auf und Ab entlang der West- und Südwände der Punta di Campiglio – viele Leitern und Drahtseile –, zuletzt durch einen Kamin hinab und fast waagrecht östlich zum Verbindungsweg Brentei-Alimonta-Hütte; auf ihm steil hinauf zur prachtvoll gelegenen Alimonta-Hütte (privat). Der »Hohe Sentiero« von der Bocca di Tuckett über den Cima-Brenta-Hauptgrat in die Bocca dei Armi und zur Alimonta-Hütte ist technisch weniger schön, anstrengender und problematischer.

3. Tag: Über Bocca dei Armi, Bocchetta del Campanile Basso (Guglia di Brenta) und Bocca di Brenta zur Tosa-Hütte, 3–4 Stunden. Der Weg – eindrucksvollster Abschnitt – ist bis zur Bocca di Brenta mit der Nr. 305, dann bis zur Tosa-Hütte mit Nr. 318 gekennzeichnet. Hinauf über den kleinen Armi-Gletscher zum Beginn der Steiganlage, die unmöglich zu verfehlen ist; im Nahbereich des Campanile Basso Steinschlaggefahr durch Kletterer. Von der letzten Leiter am Westwandfuß der Brenta Alta wenige Minuten hinauf in die Bocca di Brenta und hinab zur Tosa-Hütte.

4. Tag: Auf dem »Sentiero dell'Ideale« zur Agostini-Hütte (3–4 Stunden) und dem »Sentiero Ettore Castiglioni« zur XII-Apostel-Hütte (2–3 Stunden). Von der Tosa-Hütte auf Weg Nr. 304 westlich und nordwestlich hinauf in das große Kar am Cima-Tosa-Südfuß zum kleinen Tosagletscher. Über ihn mühsam südwestlich ansteigend auf die Scharte Bocca della Tosa. Jenseits über Leitern hinab zum Am-

biez-Gletscher und auf Weg Nr. 358 zur Agostini-Hütte (2410 m, privat) am Ostwandfuß der Cima d'Ambiez. Nun (Weg Nr. 358) an der Cima d'Ambiez vorbei zum Beginn der Castiglioni-Steiganlage; über Leitern hinauf in die tiefe Scharte Bocchetta dei Due Denti (Zwei-Zähne-Scharte) und westlich hinab zur XII-Apostel-Hütte (2489 m, CAI).

5. Tag: Über die Bocca dei Camosci zur Brentei-Hütte, 3–4 Stunden. Von der XII-Apostel-Hütte auf Weg Nr. 304 nördlich und östlich hinauf in die Bocca dei Camosci (Gemsscharte, 2770 m) in sehr wilder, imposanter Umgebung. Östlich hinab auf den Camosci-Gletscher zwischen Cima di Valstretta und Cima Tosa. Über ihn absteigend kommen wir nördlich zum Fuß der Crozzon-Nordkante, die nach Osten umrundet wird, um – etwas

Die Tosahütte ist dritter Stützpunkt auf der Brenta-Wanderung.

absteigend – ins Val Brenta alta zu gelangen; nördlich hinauf zur schön gelegenen und gut geführten Brentei-Hütte (2120 m, CAI), die wir schon lange sehen.

Dieser Routenabschnitt kann mit der Besteigung des lohnenden Aussichtsberges Cima di Valstretta (2880 m) verbunden werden: Vom Weg zur Camosci-Scharte links hinauf in den Passo di Nardis und ohne Schwierigkeiten östlich auf den Gipfel (zusätzlich 2 Stunden).

6. Tag: Er ist nur noch Ruhe- und Abreisetag. Abstieg über die Casinei-Hütte zum Restaurant Vallesinella (2 Stunden) – Taxibetrieb nach Madonna di Campiglio – oder in einer weiteren knappen Stunde zum Ausgangsort.

Östliche Dolomiten/ Italien, Provinz Belluno

Die Südlichen Dolomiten auf aussichtsreichen Höhenwegen und rassigen Klettersteigen zu erleben, ist für jeden Bergfreund ein Traumziel schlechthin.
<u>Beste Zeit:</u> August – Mitte September
<u>Charakter:</u> anstrengend, ungewöhnlich ausgesetzte Klettersteige
<u>Gehzeit:</u> 7 Tage mit 3, 3, 8–9, 4, 7, 8 und 4 Stunden.

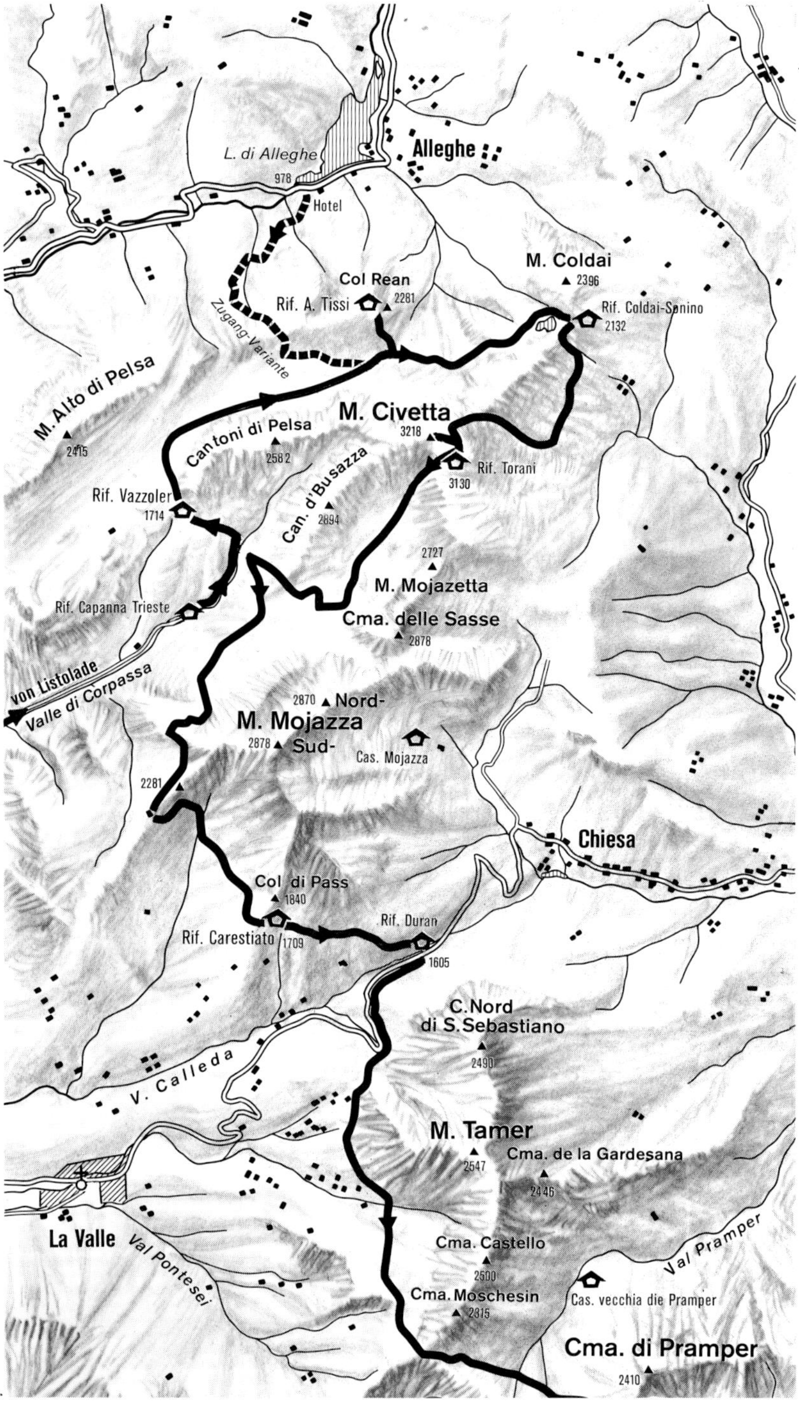

In den Dolomiten habe ich – zusammengerechnet – mindestens drei Jahre meines Lebens verbracht, als Wanderer, Kletterer, Skifahrer und Winterbergsteiger – drei Jahre, die zu meinen schönsten und heitersten gehören. Die Dolomiten – Hauptteil der Südlichen Kalkalpen – mit wenigen Zeilen charakterisieren oder gar beschreiben zu wollen, wäre ein

Rechts: Via degli Alleghese in der Civetta-Gruppe.

134

— *(map with labels)*

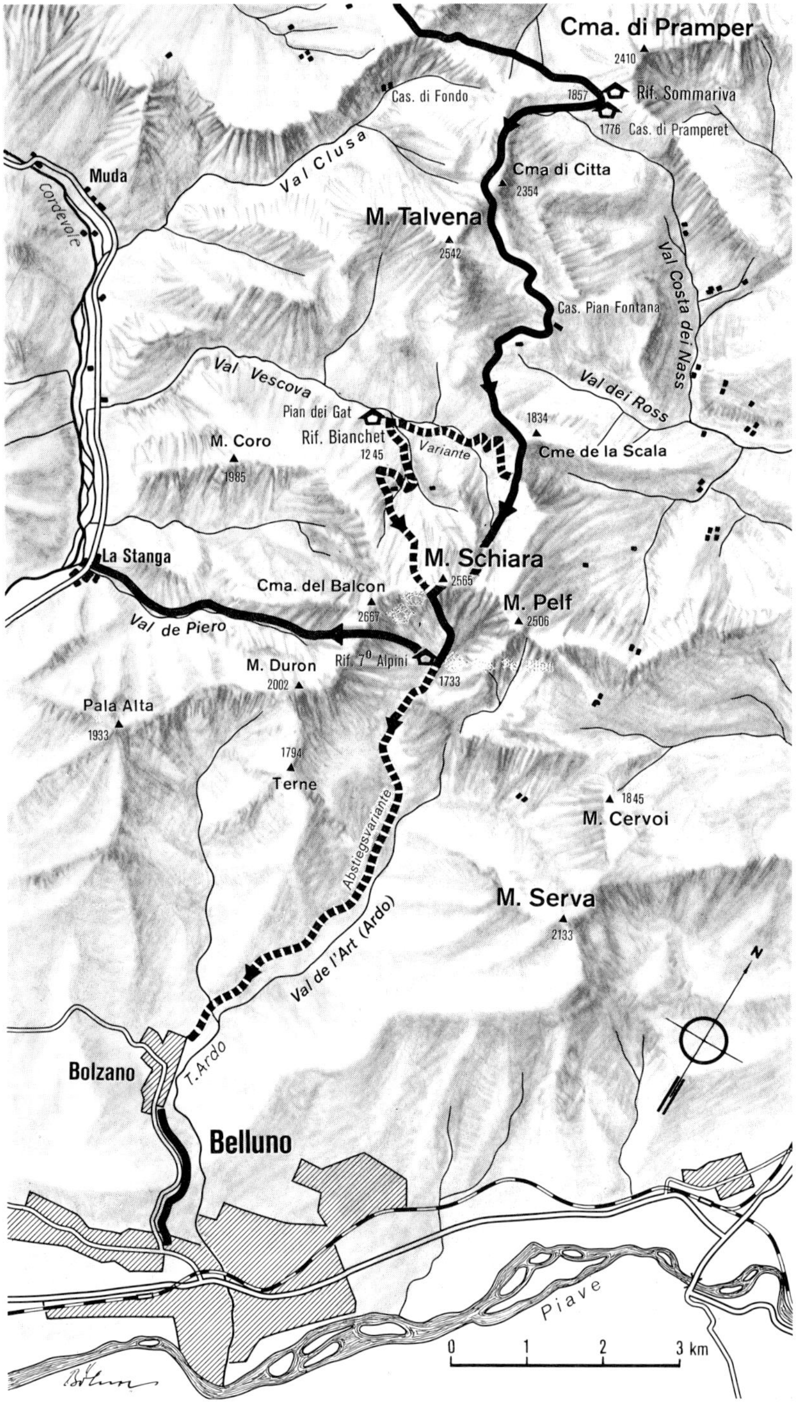

Cma. di Pramper
2410
1857 Rif. Sommariva
Cas. di Fondo
1776 Cas. di Pramperet
Muda
Val Clusa
Cma di Citta
2354
M. Talvena
2542
Cordevole
Cas. Pian Fontana
Val Vescova
Val dei Ross
Pian dei Gat
Rif. Bianchet
M. Coro
12 45
1834
1985
Variante
Cme de la Scala
La Stanga
M. Schiara
2565
Cma. del Balcon
M. Pelf
2667
2506
Val de Piero
Rif. 7° Alpini
M. Duron
1733
2002
Pala Alta
1933
1794
Terne
1845
M. Cervoi
Abstiegsvariante
M. Serva
2133
Val de l'Art (Ardo)
N
Bolzano
T. Ardo
Belluno
Piave
0   1   2   3 km

hoffnungsloses Unterfangen. Die gesamten Dolomiten haben eine Ost-West-Länge von etwa 150 Kilometern, eine Nord-Süd-Breite von etwa 70 Kilometern. Die Abgrenzungen sind weitgehend klar und natürlich: Im Norden das Pustertal mit Bruneck, im Süden die Val-Sugana-Piave-Linie zwischen Belluno (Osten) und Trento (Westen). Im Westen die Eisack-Etschtal-Linie von Brixen nach Trento. Kein Alpengebiet ist so perfekt erschlossen wie die Dolomiten – in verschiedenen Bereichen ist leider schon eine technische »Übererschließung« zu beobachten. Der höchste Dolomitenberg ist die Marmolada (3342 m), auf deren Gipfel sich sogar eine kleine Hütte und nahe des Wintergipfels (Punta di Rocca, 3305 m) eine Seilbahnstation mit Restaurant befinden.

Die Dolomiten sind ein wahres Zauberreich für jeden Berg- und Skifreund; abgesehen von großen Eiswänden, die man hier nicht zu suchen braucht, bieten sie einfach alles: Ungezählte Wanderungen, von leichten Gipfelbesteigungen bis zu äußerst schwierigen Kletterrouten, wie man sie nirgendwo in den Alpen in solcher Fülle findet.

Unsere Wochentour führt in sieben Tagen durch vier weniger bekannte Gruppen, in denen einige der rassigsten und imposantesten Klettersteige geboten sind: Civetta, Moiazza,

Pramper, Schiara. Große Abschnitte dieses Weges sind Teil der von mir initiierten »Alta Via delle Dolomiti« vom Pustertal nach Belluno – der schönste und interessanteste Teil dazu. Allein der dritte und siebente Tag verlaufen hier anders, eleganter, eindrucksvoller. Das ist unsere Route:

1. Tag: Listolade – Vazzolerhütte (3 Stunden). **2. Tag:** zur Tissihütte (3 Stunden). **3. Tag:** »Via degli Alleghese« auf die Civetta – Vazzolerhütte (8–9 Stunden). **4. Tag:** Maiazzagruppe – Carestiatohütte (4 Stunden). **5. Tag:** zur Pramperhütte (7 Stunden). **6. Tag:** Schiara – Alpinihütte (8 Stunden). **7. Tag:** Forcella Oderz – Val di Piero – La Stanga (Cordevoletal, 4 Stunden). Wie man sieht, ist der Weg meist »happig«, lang und oft anstrengend. Absolut trittsicheres Gehen und Schwindelfreiheit sind Voraussetzung; normale Klettersteigausrüstung genügt.

Für unterwegs

1. Tag: Das Fahrzeug stellen wir am besten in der Provinzhauptstadt Belluno (Piave) ab und fahren mit dem Bus über Agordo im Cordevoletal zu dem kleinen Dorf Listolade (682 m) an der Einmündung des von der Civettagruppe herabziehenden Corpassatales (33 km, gute Verbindungen). Nordöstlich auf Fahrweg durch das Corpassatal hinauf, vorbei

an der Trieste-Hütte (nur Restaurant, Parkplatz) und über Serpentinenweg zur sehr romantisch gelegenen Vazzoler-Hütte (1752 m, CAI), 3 Stunden. Hier können wir unwichtiges Gepäck, das in den nächsten zwei Tagen nicht gebraucht wird, deponieren, weil hier nach der Civetta-Besteigung erneut genächtigt wird.

2. Tag: Er dient zur Akklimatisation – und zum Genießen, denn der Weg zur Tissihütte (2250 m) erfordert höchstens 3 Stunden. Aber es ist ein Weg durch eine unglaublich kontrastreiche Landschaft, in der man mit Schauen und Staunen schnell vier oder fünf Stunden vertrödelt hat: über blumenreiche Wiesen, über denen die 900-Meter-Wände von Cima Su Alto und ihren Nachbargipfeln aufragen. Dem Weg Nr. 560 folgend über Pian di Pelsa, an der verfallenen Col-Rean-Alpe

Die Civetta-Gruppe von Nordwesten aus dem Marmolada-Gebiet, links Monte Pelmo.

vorbei auf den Col Rean und zur Attilio-Tissi-Hütte gegenüber der gewaltigen, 1200 Meter hohen Civetta-Nordwestwand. Wir könnten an diesem Tag spielend auch noch die Coldai-Hütte (2 Stunden) erreichen, aber die Tissi-Hütte ist vielleicht die schönste Hütte der Alpen – in jeder Beziehung, landschaftlich und auch sonst. Von hier muß man am Abend die Civettawand und am Morgen – drei Minuten oberhalb der Hütte – die Marmolada rot leuchten sehen!

3. Tag: Er bringt uns mit der Civettabesteigung einen großen Höhepunkt der Tour. Östlich hinab ins Val Civetta, über die Forcella Colnegro di Coldai (2210 m) hinab zum Coldaisee (2146 m) und über die Forcella

Links: Auf dem Weg von der Vazzoler- zur Tissihütte mit Cima De Gasperi (v. l.), Cima Su Alto und Cima della Terranova. Rechts: Klettersteig in der Schiaragruppe.

del Lago Coldai (2190 m) bis kurz vor die Coldai-Hütte (2 Stunden). Nun südlich hinauf in das große Kar am Nordostfuß der Civetta und zum Einstieg des Klettersteigs »Via degli Alleghese«, der bestens gesichert und bezeichnet ist; über Punta Civetta und Civetta-Nordgrat auf den Gipfel (4 Stunden von der Coldai-Hütte). Südöstlich auf Schuttweg hinab zur Torrani-Hütte (2930 m), die seit 1979 einfach bewirtschaftet ist; bei Zeitverzug oder Schlechtwetter kann hier gut genächtigt werden. Der weitere Abstieg vollzieht sich auf der »Via ferrata Tissi«, deren Beginn südlich über Geröll erreicht wird (sehr gut markiert und gesichert). Auf Weg Nr. 558 zur Vazzoler-Hütte (3 Stunden von der Torrani-Hütte).

4. Tag: Zunächst auf dem Hüttenweg hinab in Richtung Listolade, nach 40 Minuten Abzweigung nach links, immer der auffallenden blauen Markierung »A1« (= Alta Via) folgend, über Forcella del Camp (1932 m) zur Carestiato-Hütte (1840 m), 4 Stunden.

5. Tag: Östlich hinab zum Passo Duran (1605 m) – immer »A1« –, ein Stück der Straße entlang Richtung Agordo, links

abzweigen zur Rova-Alpe (1450 m), hinauf zum Colle Pan d'Orso (1810 m) und zur Forcella di Giaon (1844 m) und hinab zur Pramper-Hütte, 7 Stunden.

6. Tag: Auf dem A1-Weg hinauf zur Cima di Citta (2469 m, 2 Stunden), hinab ins liebliche Val delle Rosse (1580 m, 1½ Stunden), Aufstieg über Forcella di Lavaretta (1710 m), Forc. di Nerville (2050 m) und Forc. del Marmol (2259 m), auf deren Südseite sich die Marmol-Biwakschachtel für neun Personen befindet, und über den Ostgrat auf den Schiaragipfel (2563 m, 6½ Stunden von der Pramper-Hütte). Südwestlich hinab auf der »Via ferrata Berti« zur Biwakschachtel Bernardina (2360 m, 6 Schlafplätze, ½ Stunde) unweit der phantastischen Felsnadel Gusela Vescova. Von der Biwakschachtel links (südöstlich) – rechts ist der Beginn des Sperti-Klettersteigs – über

Rasen und Schrofen (guter Weg) zum Beginn der Steiganlage »Via ferrata Zacchi«, die ungewöhnlich kühn, ausgesetzt und interessant über die Schiara-Südwand hinabführt auf die Wiesen des Piz Pillon und zur Alpinihütte (1498 m, CAI), die wir schon vom Gipfel aus gesehen haben, 1½ Stunden vom Bernardina-Biwak. Wer mehr Zeit zur Verfügung hat, steigt von der Marmol-Scharte auf dem A1-Weg gleich direkt ab über die »Via ferrata Sperti-Viel«, um am nächsten Tag die Schiara auf den Klettersteigen Zacchi, Berti und Sperti zur Sperti-Biwakschachtel und Alpinihütte überschreiten zu können (eine der großartigsten Klettersteigtouren überhaupt).

7. Tag: Er bringt uns in die unglaubliche Urlandschaft und absolute Einsamkeit des Val di Piero; der wildeste Teil unserer ganzen Route. Von der Alpinihütte westlich auf gut bezeichnetem Weg hinauf in die Forcella Oderz (1 Stunde) und hinab durch die Schlucht des obersten Val di Piero – spärliche Sicherungsanlagen –, immer der Markierung folgend, zum Fuß der gewaltigen, 1400 Meter hohen Burel-Westwand. Weiter auf gutem Weg an der rechten, steilen Talseite (einige Drahtseile) hinaus und hinab zum Gasthaus La Stanga (439 m, Bushaltestelle, 4 Stunden) an der Staatsstraße 203 im Cordevoletal und mit Bus nach Belluno (17 km).

8 Einsames Graubünden

Oberhalbstein und
Bergell/Schweiz,
Graubünden

Auf stillen Wegen in
7 Tagen durch Grau-
bündens südliche Berg-
welt zu wandern,
erschließt eine vielsei-
tige Landschaft, die
nicht jeder kennt:
lieblich und wild.
<u>Beste Zeit:</u> Mitte Juli –
Mitte September
<u>Charakter:</u> teils anstren-
gende Hochgebirgs-
wanderung, jedoch
ohne Schwierigkeit
<u>Gehzeit:</u> 7 Tage mit täg-
lich 3½, 5–6, 4, 4, 4–5,
5–6 und 3½ Stunden.

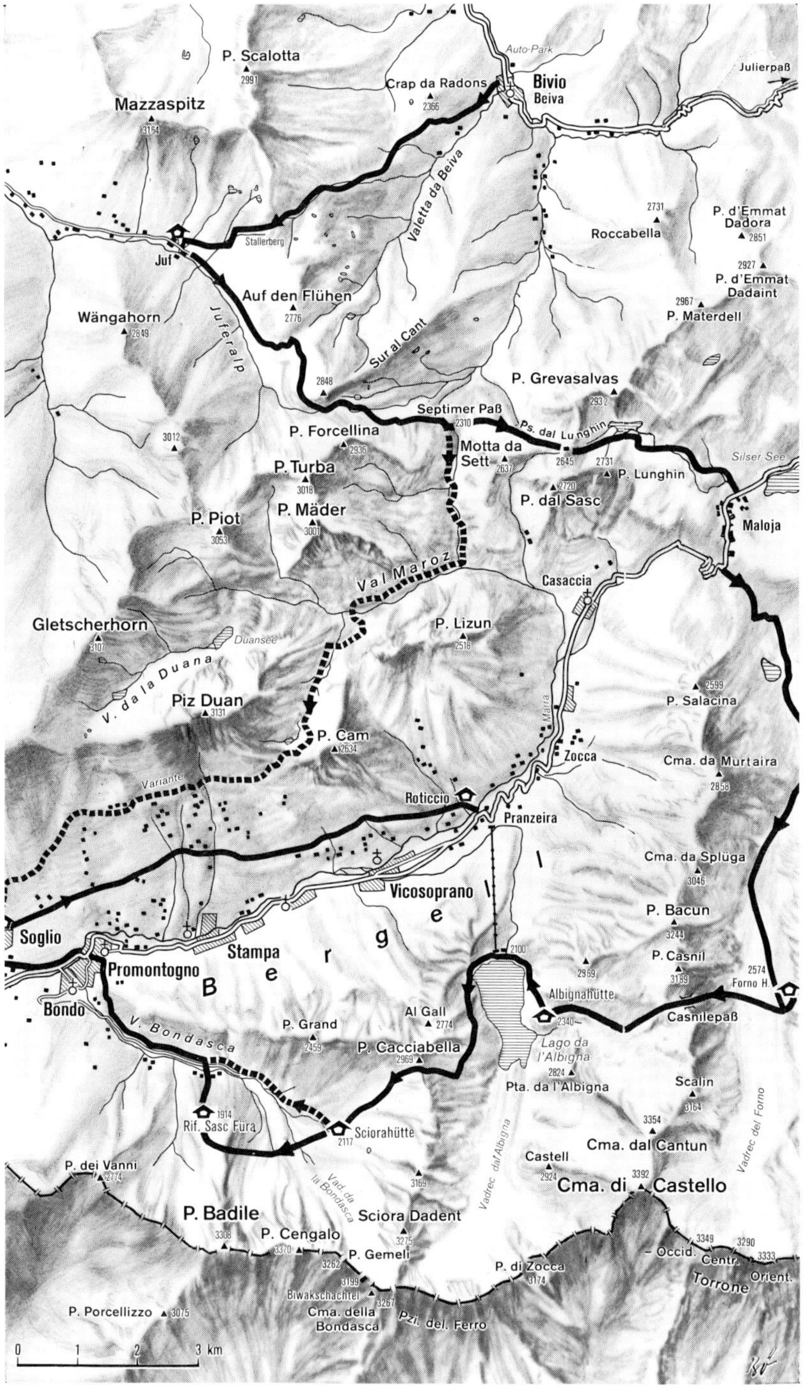

Das südliche Bündner Bergland zu beiden Seiten des Bergeller Tales ist von ungewöhn-
lichem Reiz: die vergessenen
Hochtäler der Oberhalbsteiner
Alpen, auf deren Pässen in der
Römerzeit Hochbetrieb
herrschte und heute Einsamkeit herrscht, mit einem Hauch
des Herben, der sich von Norden her auf die Landschaft
legt, und dann wieder die
Lieblichkeit des Bergeller Tales
mit seiner großen Vergangenheit, schon unter richtig südlicher Sonne, was nicht zuletzt

auch durch die Menschen dort zum Ausdruck kommt. Und schließlich die Granitwelt der Bergeller Berge, die zunächst als wanderfeindlich erscheint, dann aber, bei näherem Hinsehen, doch großartige Möglichkeiten preisgibt – Übergänge, auf denen das alpine »Fußvolk« nicht anzutreffen ist und die immer wieder atemberaubende Landschaftsbilder vermitteln. Wer das Bergell durchwandert hat, kennt eine der faszinierendsten Alpenlandschaften. Denn das ist ein Bergraum der wunderbarsten Gegensätze. An den Hängen der südlichen Abdachung gedeiht der herbe, aber süffige Veltliner; im nördlichen Val Bregaglia, besonders bei Soglio und Castasegna, blühen die schönsten Kastanienwälder der Schweiz. Dazwischen die Giganten, Türme und Nadeln aus jungem Granit, umsäumt von Gletscherströmen und oft von Steilfirn gepanzert.

Das Bergell, Teil der Bernina-Alpen, gehört trotz seines fast durchwegs westalpinen Charakters zu den Ostalpen. Die höchste Erhebung ist der Monte Disgrazia (3678 m) im Südosten der Hauptgruppe, ganz auf italienischem Boden. Die Route unserer Wochentour bildet zwar eine richtige Kuhschwanzlinie, aber das hat auf die Schönheit der Landschaft keinerlei Einfluß:
1. Tag: Bivio – Stallerberg – Juf (3 Stunden). **2. Tag:** Forcellina – Septimerpaß – Paß

Lunghin – Maloja (5–6 Stunden). **3. Tag:** zur Fornohütte (4 Stunden). **4. Tag:** Casnilepaß – Albignahütte (4 Stunden). **5. Tag:** Cacciabellapaß – Sciorahütte (4–5 Stunden). **6. Tag:** Sasc-Füra-Hütte – Bondo – Soglio – Vicosoprano (3½ Stunden).

Wir durchwandern übrigens drei Sprachgebiete: Rätoromanisch (Bivio und Maloja), Deutsch (Juf, höchstes Dorf Europas!) und Italienisch (Bergellertal). Um die Gipfelausbeute ist es im Rahmen dieser Tour allerdings schlecht bestellt, dafür ist die Landschaft eine wahre Offenbarung einzigartiger Naturschönheiten.

Auf der Wanderung von Soglio nach Vicosoprano im Bergell, im Hintergrund die Cacciabellagruppe.

Für unterwegs

1. Tag: Das Fahrzeug lassen wir am besten in Silvaplana – dem Buslinien-Knotenpunkt – stehen und fahren mit dem Bus über den Julierpaß nach Bivio (1769 m) im obersten Oberhalbsteintal (16 km). Vom Nordrand des Dreisprachendorfes südwestlich auf gutem Weg über die sumpfigen Hochterrassen Plang (2390 m) und Tguils (2412 m) zum ausgeprägten Sattel des Staller-

141

Einsames Graubünden

Links: Piz Badile von Norden mit Nordostwand und Nordkante. Rechts: Bondascagruppe mit Piz Cengalo (l.) und Piz Badile von der Wanderung Soglio-Vicosoprano.

dann östlich hinab zum wildromantischen Lunghinsee (2484 m), dem Ursprung des Inn, und weiterer Abstieg nach Maloja (1809 m, 2 Stunden vom Lunghinpaß). Nächtigung in Privatzimmern oder Gasthöfen. Wichtig: Segantinigrab, Gletschermühlen, alte Römerstraße.

3. Tag: Südlich des Malojapasses (Wegtafel, rote Markierung) ins Fornotal, Fahrweg bis Cavlocsee (1907 m). Weiter hinauf zum Beginn des Fornogletschers, über ihn ungefährlich zur Ostmoräne und zur Fornohütte (2574 m, SAC), 4 Stunden.

4. Tag: Hinab zum Gletscher, westlich über ihn zu P. 2453 am Auslauf des vom Casnilepaß herabziehenden Tälchens und auf Steigspuren hinauf zum Firnfeld, über das wir den südlichen Casnilepaß (2941 m, 2¹/₂–3 Stunden) erreichen. Nun zuerst südlich, dann westlich über Geröllrücken in das Hochkar zwischen P 2952 und P 2766; westlich und südlich durch das Kar hinab und nordwestlich über Grasterrassen (Steigspuren) zur Albignahütte (2330 m, SAC), 1¹/₂ Stunden.

5. Tag: Von der Hütte nördlich hinab zur Albignasee-Staumauer (Seilbahn aus dem Ber-

berges (2579 m, 2¹/₂ Stunden). Er war früher, als der Septimerpaß noch zu den wichtigsten Alpenpässen gehörte, ein sehr bedeutender Handelsweg. Abstieg westlich nach Juf (2126 m) im Averstal, dem höchsten ganzjährig bewohnten Dorf Europas, wo die Zeit seit Jahrhunderten stehenzubleiben scheint. Eine klassische Walsersiedlung (mit Schafmistziegeln an den Holzstallwänden als Brennmaterial), wo wir bei Bauern oder in der »Alpenrose« bestimmt Quartier bekommen.

2. Tag: Südöstlich durch das Tal des Jufer Rhein langsam ansteigend, vorbei an zwei Alphütten, über Serpentinen östlich auf eine Hochterrasse, auf ihr nach Süden, zuletzt steil östlich auf die Forcellina (2672 m, 1¹/₂ Stunden). Östlich hinab, vorbei an drei kleinen Seen, zum Septimerpaß (Pass da Sett, 2300 m), dem alten Römerpaß. Nun östlich über steile Wiesenhänge, zuletzt über Geröll, zum Paß Lunghin (2645 m, 1 Stunde). Die Besteigung des ungewöhnlich lohnenden Aussichtsberges Piz Lunghin (2780 m, 20 Minuten) auf gutem Weg sollten wir uns nicht entgehen lassen. Am besten wieder zurück zum Paß,

Einsames Graubünden

gellertal), über sie zum Westufer. Auf Weg zur Abzweigung (10 Minuten, rechts zum Valdelle-Neve-Paß), links dem rot bezeichneten Steig folgend über felsdurchsetzte Rasenhänge südlich aufwärts zum Ostgratfuß des Piz Eravedar (2934 m) und gleich südlich von ihm den Felsen entlang hinauf in den Cacciabellapaß-Süd (2897 m, 3½ Stunden) mit großartigem Blick auf die Bondascagruppe. Abstieg westlich, zuerst durch eine Rinne, dann über Geröll und Rasen südwestlich zur Sciorahütte (2117 m SAC), 1 Stunde.

6. Tag: Von der Hütte südwestlich leicht absteigend, Steinmännchen und Bezeichnung folgend westlich in den Moränenkessel des Cengalogletschers; man bewegt sich hier in einer wahrhaft atemberaubenden Felswildnis. Es werden die zwei ausgeprägten Moränenrücken Cänt la Föia und Fort da Cengal (nördlich von P. 2048) überquert, um westlich an die Felsausläufer der Piz-Badile-Nordkante zu kommen. Hier über die ausgeprägte, von links nach rechts aufwärtsziehende und felsdurchsetzte Grasrampe auf den Rücken La Plota und auf Steig nördlich hinab zur Sasc-Furä-Hütte (1904 m, SAC, 3½ Stunden) in prachtvoller Aussichtslage. Abstieg zur Alp Laret (1377 m, 1 Stunde) im Bondascatal und durch dieses – bald auf Fahrweg – hinab nach Bondo (823 m, 1 Stunde) und in wenigen Minuten ins benachbarte Promontogno. Wer hier für den hochromanti-

schen Aufstieg durch Kastanienwälder nach Soglio (1090 m, 1 Stunde) zu müde ist, kann ungeniert den Bus benützen. Sonst: Wegbeginn bei der Sot Punt (unteren Brücke) am rechten Ufer der Maira. Soglio gehört ohne Zweifel zu den schönsten Bergdörfern der Welt; die Bergeller Berge bilden eine bizarre Kulisse. Zwei Gasthöfe, Privatquartiere.

7. Tag: Eine ausklingende Traumwanderung, die mit keinerlei Anstrengungen oder Problemen verbunden ist, auf einem der schönsten Aussichtswege überhaupt. Wir verlassen das Dorf – leider! – östlich und erreichen sofort den in Richtung Casaccia beschilderten und bezeichneten Weg, der einer Aussichtspromenade gleicht: über Parlongh-Pravis (1300 m) und Durbegia zur Abzweigung rechts hinab nach Vicosoprano (1067 m, 3½ Stunden), wo wir bis zur Busabfahrt noch schöne Häuser besichtigen können, vor allem das alte Rathaus, an dessen Außenwand die Kette mit Halseisen und darunter ein Stein zu sehen sind: hier wurden Hexen und Diebe, bevor sie in die Folterkammer wanderten, zur Schau gestellt.

9 Panorama-Höhenweg Unterengadin

Silvrettagruppe/
Schweiz, Graubünden

Das rätoromanische Unterengadin in sechs Tagen an den Südflanken von Silvretta und Samnaun zu durchwandern, bedeutet Naturgenuß in einer der schönsten Alpenlandschaften.
<u>Beste Zeit:</u> Ende Mai – Mitte Juli, September – Ende Oktober (bei schönem Herbst bis Mitte November)

<u>Charakter:</u> leichte Familientour
Gehzeit: 3–4 Stunden pro Tag

Für den flüchtigen Betrachter oder Reisenden ist Engadin Engadin. Auch wenn sich das Unterengadin – das Engiadina bassa – vom Oberengadin – Engiadin 'Ota – grundlegend unterscheidet. In der Landschaft, Vegetation, im Klima, in den Baulichkeiten, den Menschen und ihrer Sprache, in allem. Der Inn ist zwar die Lebensader des Haupttales, aber beide Talregionen führen ein eigenständiges Leben. Im Norden bilden Silvretta- und Sam

naungruppe die natürliche Grenze, die zugleich auch die Staatsgrenze zu Österreich (Tirol und Vorarlberg) ist. Im Süden und Südosten die Engadiner Dolomiten mit dem Schweizer Nationalpark, im Westen der Flüelapaß, der die Verbindung zur Nordostschweiz darstellt. Wenn man als Bergsteiger, Wanderer und Skifahrer über drei Jahrzehnte durch die Alpen gezogen ist, von Ost nach West, von Nord nach Süd und umgekehrt, zwischendurch auch mal in den Bergen der Welt herumschnupperte, dann bleibt man irgendwann in einem bestimmten Gebiet hängen. Man hat plötzlich kein Verlangen mehr nach Großräumen, wen

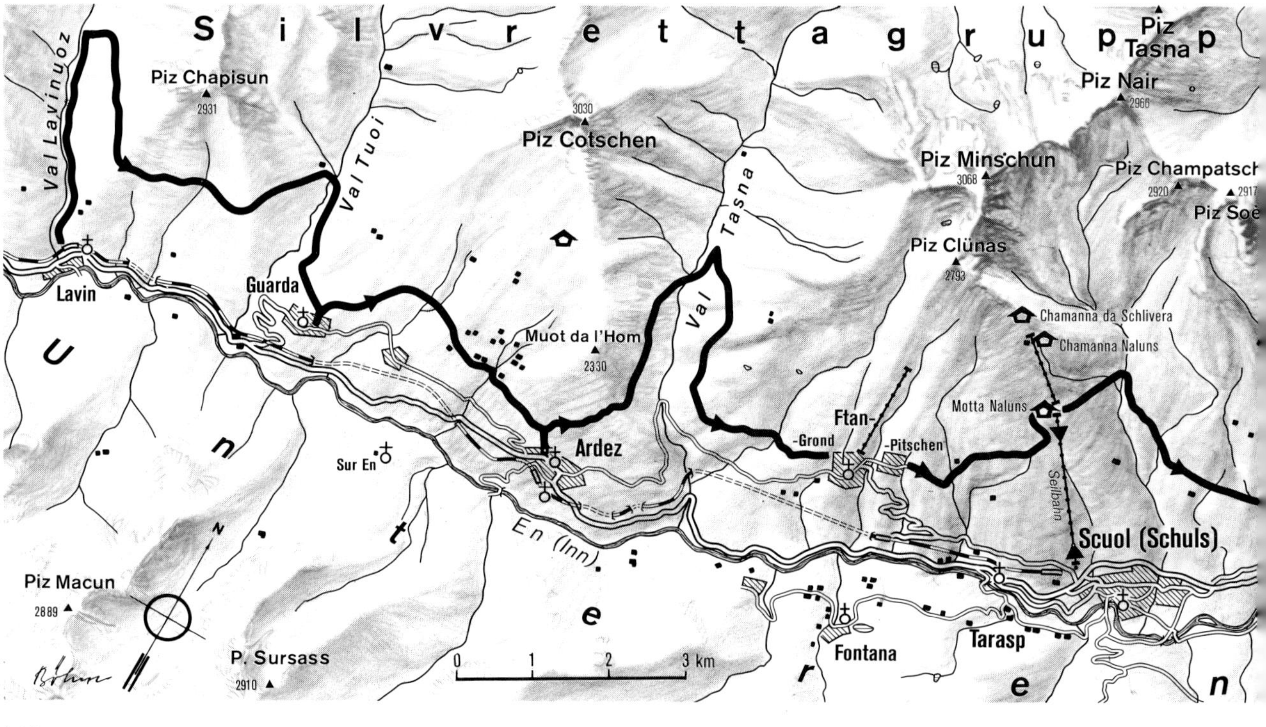

Panorama-Höhenweg Unterengadin

det sich vom Monumentalen ab zum Detail mit all seinen Köstlichkeiten. Mir ist das Unterengadin ans Herz gewachsen. Jeder kennt dieses Erlebnis, sei es in einer fremden Stadt, in einem Dorf, einer Landschaft: schon nach den ersten Minuten kann man sich wohl fühlen, spürt man einen Hauch von Geborgenheit und schließlich den brennenden Wunsch, das Ganze zu ergründen, zu erfassen, zu erleben. In diesem Ganzen muß alles zusammenwirken. Auf das Unterengadin bezogen: die Berge, die Gesamtheit der Landschaft mit ihrem milden Klima, die reiche und lange Vergangenheit, die Menschen, zu denen man ungewöhnlich schnell

Kontakt bekommt; nicht zuletzt die weitgehend in ihrer Ursprünglichkeit erhalten gebliebenen Dörfer, die man angesichts der steigenden Zahl anonymer Retortenzentren mehr und mehr schätzen lernt. Erst wenn dieses Ganze stimmt, dann interessieren mich auch die Möglichkeiten als Bergsteiger. Hier leben die Rätoromanen. Die Rätoromanen grüßen sich mit »Allegra« – »Freue dich«. Freue dich, daß du lebst, daß du gesund bist, daß wir uns sehen. Umgewandelt könnte man sagen: Freue dich aufs Unterengadin – Allegra!
Die bezaubernde Landschaft des Unterengadins erschließt sich einem am schönsten auf

dem 60 km langen Panorama-Höhenweg, der erst vor wenigen Jahren angelegt und durchgehend einheitlich markiert wurde. Ein Weg, der weder über Hochpässe noch Gipfel führt, nein, es ist ein Weg, der uns durch einige der schönsten Alpendörfer führt, ein Weg für Naturfreunde, die ständig von bunten Alpwiesen umgeben sein wollen oder – im Herbst – das »goldene Engadin« mit seinen dichten

Nächste Doppelseite: Links: Im untersten Teil des Panorama-Höhenwegs zwischen Tschlin und Vinada. Rechts: Ftan mit Engadiner Dolomiten (v. l.), Piz Pisoc, Zuort und Plavna Dadora.

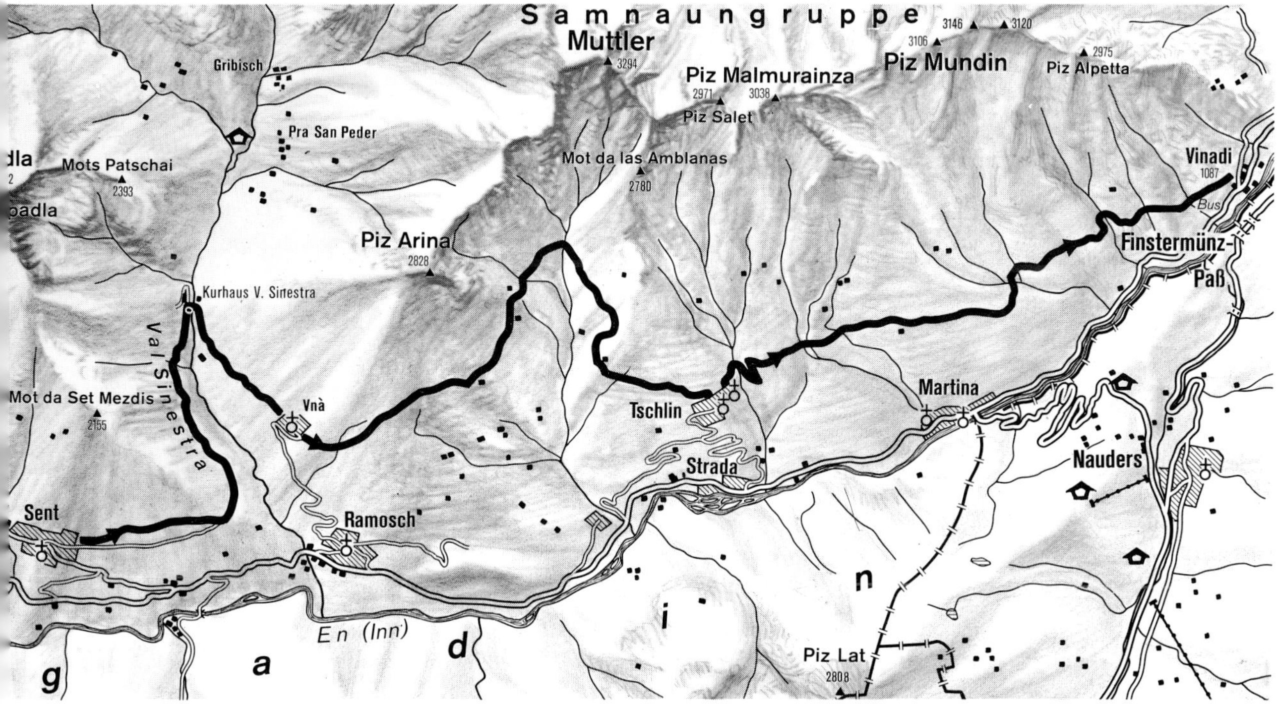

Oben: Guarda gehört zu den schönsten Dörfern Graubündens: Dorfgasse mit Erker.

Unten: Engadiner Doppelhaus in Ardez mit Wandmalereien von 1647.

Wäldern, die zu den höchsten der Alpen gehören (bis 2380 m!).

Eine Familien-Wanderwoche, wie man sie nicht schöner gestalten kann, ohne Strapazen, ohne gefährliche Abgründe: **1. Tag:** von Lavin nach Guarda (3½–4 Stunden). **2. Tag:** von Guarda nach Ardez (3 Stunden). **3. Tag:** von Ardez nach Ftan (3 Stunden). **4. Tag:** von Ftan nach Sent (3–4 Stunden). **5. Tag:** von Sent nach Tschlin (3–4 Stunden). **6. Tag:** von Tschlin nach Vinadi (3–4 Stunden).

Nächtigungsmäßig kann die Wanderung in den empfohlenen Monaten problemlos »ins Blaue« unternommen werden, denn man wird immer Platz finden. Oder aber man wählt als zentralen Ort Bad Scuol, denn dank der vorzüglichen Bahn- und Postbusverbindungen kann Scuol nach jeder Tagesetappe schnell erreicht werden (und umgekehrt der Beginn des neuen Wanderabschnitts).

Und noch eines spricht für die Traumwanderwoche Unterengadin: das meist gute Wetter (65 cm jahresdurchschnittliche Niederschlagsmenge, 85% windstille Tage und 1,4 Nebeltage im Jahr).

Für unterwegs

1. Tag: Beim östlichen Dorfausgang von Lavin (1412 m), nahe der schlichten weißen

Kirche, wo vor einigen Jahren wertvolle Fresken freigelegt wurden, steigen wir gleich zu Beginn ziemlich steil 300 m hoch bis Charnadüras (1751 m), um dann die restlichen 2 km über Alp Dadoura bis Alp d'Immez (1952 m) mit nur 200 m Höhenunterschied gemütlicher hinter uns zu bringen. Ganz nahe die 1500 m hohen Ostwände des Piz Linard (3410 m), des höchsten Silvretta-Gipfels. Von der Alp d'Immez zunächst 200 m in Richtung Piz Chapisun steil hinauf, dann auf mehr oder weniger gleicher Höhe weiter, Durchquerung der Chapisun-Südflanke, vorbei an der Chamanna dal Beschèr (2158 m) und nordöstlich ins Val Tuoi hinab (P. 1798). Abstieg über Clüs nach Guarda (1653 m), 3¹/₂–4 Stunden. Guarda ist ein Prunkstück unter den Engadiner Dörfern.

2. Tag: Von Guarda wieder zurück hinauf nach Clüs und auf dem hier rechts abzweigenden Weg zur Alp Sura (2119 m). Von hier östlich weiter und zur verfallenen Alp Murtera Dadoura (2144 m), um dann über Munt (den Maiensässen von Ardez) nach Ardez (1664 m) abzusteigen, 3 Stunden. Ardez wurde 1974 zu den erhaltenswürdigsten Dörfern der Schweiz gezählt.

3. Tag: Von Ardez nördlich hinauf, um bei Clüs (1743 m) wieder den Originalweg zu erreichen. Nun nördlich ins Val Tasna zur Alp Tasna (1897 m)

und Alp Valmala (1979 m), südöstlich hinauf zur Alp Laret (2206 m). Nordwestlich quer durch die Clünas-Flanke zu P. 2135 (Transportseilbahn für Lawinenverbauungen) und hinab nach Prui (2058 m) und Ftan (1635 m, Sessellift) in großartiger Lage und mit schönen Häusern. Insgesamt 3 Stunden.

4. Tag: Mit dem Sessellift wieder nach Prui und nordöstlich zur Motta Naluns (2146 m, Seilbahnen von Scuol und Bergrestaurant). Nördlich hinauf, rechts unterhalb der Nalunshütte vorbei, hinab nach Jonvrai (2200 m, Skiliftstationen) und zuerst südlich, dann südöstlich über herrliche Alpwiesen und östlich über den Hof Vastur (1764 m) hinab nach Sent (1430 m) 3–4 Stunden, dessen Architektur (Senter Barockgiebel) uns wieder ein neues Bild vermittelt.

5. Tag: Von Sent auf Fahrweg ins Val Sinestra und durch

Auf dem Panorama-Höhenweg oberhalb von Martina.

Wald zum ehemaligen Kurhaus Sinestra (1524 m), über die Brancla-Brücke und linke Talseite zum Dörfchen Vnà (1602 m), das wie ein Schwalbennest am Hang klebt. Östlich durch Wald zu P. 1696 zur Weggabelung; links weiter, an den Chilkkerashütten (1701 m) vorbei ins Val Ruinains und östlich nach Tschlin (1533 m), der einstigen Kornkammer des Tales, 3¹/₂–4 Stunden.

6. Tag: Von Tschlin nördlich – Wegtafel Richtung Vinadi! – ins Val da Chaflur und nordöstlich hinauf zur Wegteilung bei P. 1672. Rechts weiter über Mundaditschas (1718 m), Vadrain, das Hochtal Mundin durchquerend, hinab nach Vinadi (1086 m) am Straßenknotenpunkt Landeck – Scuol – Samnaun, 3¹/₂–4 Stunden; Postbus nach Scuol.

Längs durch die Alpen

Längs durch die Alpen

─────── Längs durch die Alpen

∘∘ Berghütten – Übernachtungsmöglichkeiten

Längs durch die Alpen

Die Alpen sind das schönste Gebirge der Welt, das vielseitigste, faszinierendste, ohne Zweifel. Das sagen letzten Endes die meisten alpinen Globetrotter. Da kann man den Mount Everest im Himalaya, den K2 im Karakorum bestaunt haben, den Aconcagua in den Anden bestiegen und oder die Rocky Mountains durchwandert haben, den Kaukasus und Pamir kennen – in den Alpen ist es am schönsten. Denn ein Bergsteiger muß ein Gebirge auch vom Freizeit- und Erlebniswert her betrachten, bewerten. Was kann man mit dem Freund, der Freundin oder Familie in den Alpen nicht alles unternehmen, ohne Permits, ohne Visas, ohne einen Rattenschwanz von Trägern, und auch ganz allein, wenn man will! Ist's im Norden mal um das Wetter nicht gut bestellt, dann ist man in einem Katzensprung auf der Alpensüdseite.

Ein Wochenende in den lieblichen Voralpen, das andere in einer bizarren Felslandschaft der Nördlichen Kalkalpen oder Dolomiten, dann wieder eines in der vergletscherten Hochregion.
Oder, sozusagen als Lebensziel für den Hochgebirgswan-

Laliderer Spitze-Nordwand im Karwendelgebirge, eines der imposantesten Schaustücke in den Nördlichen Kalkalpen.

Längs durch die Alpen

derer, den 1200 km langen und 150 bis 250 km breiten Alpenbogen von Ost nach West, von Wien bis Nizza, zu durchwandern. Ferienweise im Rahmen von jeweils zwei Wochen. Ich habe mir über so eine Route Gedanken gemacht. Sie führt

Zugspitzmassiv mit der 1000 Meter hohen Wetterwand im Wettersteingebirge vom Seebensee in der Mieminger-Kette.

in rund zwanzig Wochen vorwiegend entlang der Alpen-Nordseite durch fast durchwegs unvergletscherte Gruppen, so daß die Längsdurchquerung jedem erfahrenem Hochgebirgswanderer zugemutet werden kann. In den zwanzig Wochen sind weder Schlechtwettertage noch Gipfelbesteigungen oder Rasttage berücksichtigt. Man würde also, immer von zwei Wochen ausgehend, ein gutes Dutzend

Jahre brauchen, um den ganzen Alpenbogen zu durchwandern. Aber es wäre für jeden, der die Längsdurchquerung der Alpen hinter sich bringt, ohne Zweifel das schönste und erlebnisreichste Dutzend Jahre seines Lebens. Denn die Route führt uns durch jede Art typischer Alpenlandschaften, durch jede Kultur- und Vegetationszone. Und schließlich werden wir dabei auch mit der ethnologischen Vielseitigkeit

Längs durch die Alpen

dieses Bergraumes vertraut. Da durchstreifen wir in den ersten beiden Wochen die lieblichen und bewaldeten Hügelketten der Gutensteiner Alpen als Ostausläufer der gesamten Alpen, dann das Rax-Schneeberg-Gebiet, die beliebten Hausberge der Wiener, und die schon etwas raueren, aber immer noch von viel Wald geprägten Mürzsteger Alpen, wo wir bereits steierischen Älplern und Bergbewohnern begegnen.

Im zweiten Abschnitt wird es erstmals richtig hochalpin: der Hochschwab mit seinen ausgeprägten Kalkplateaus, die teils mit erschreckenden Steilwänden abbrechen, und die gewaltigen Kolosse der Gesäuseberge in den Ennstaler Alpen, wo uns der Peternschartenweg von der Haindlkar- zur Heßhütte gleich einen starken Eindruck vermittelt über Höhe und Abgrund – tief unten im Tal sehen wir den Silberstreifen der Enns, um Tage später in Admont mit seinen reichen Kunstschätzen zu verweilen. Die drei letzten Tage bilden im Toten Gebirge – ebenfalls ein typisches Plateaumassiv, umgeben von vielen romantischen Seen – den Ausklang. Schon sind wir am Beginn des dritten Abschnittes am Ostrand des Dachsteingebirges, immer noch im Land der Steirer, wo wir erstmals auch ein wenig Gletscherwelt erleben und in einigen Bereichen auch echte Urlandschaft

kennenlernen; tiefe Trogtäler mit herrlichen Seen. Am Ende der ersten Woche sehen wir uns bereits im Tennengebirge, wo der Fremdenverkehr noch keine großen Wellen schlägt, denn hier umgibt uns echtes Ödland, auch wenn wir weit draußen im Norden bereits die Stadt Salzburg erkennen. Dann nimmt uns das Steinerne Meer auf, das südliche Bollwerk der Berchtesgadener Alpen, wo wir uns in eine wilde Steinwüste

versetzt sehen. Vorbei am Watzmann, kommen wir durchs Wimbachtal erstmals zu den Bayern – auch diese Kontraste werden uns immer wieder begeistern.

Im Reitergebirge, hoch überm Hintersee, das den Westrand der Berchtesgadener Alpen

Unterengadin mit Martina (Grenzstation), Inn und Engadiner Dolomiten (l.).

bildet, überschreiten wir erneut die Staatsgrenze zwischen Bayern und Österreich, um in Reith an der Saalach (Land Salzburg) die dritte Etappe zu beenden.

Im vierten Abschnitt kommen wir von Unken bei Reith in die Chiemgauer Alpen, die wieder typischen Voralpencharakter aufweisen, einmal auf bayerischem, dann wieder auf Tiroler Gebiet, um bereits am vierten Tag die bizarre Felskulisse des Kaisergebirges am Stripsenjoch vor uns zu haben. Durch das ungewöhnlich schöne Kaisertal kommen wir nach Kufstein, wonach uns über Oberau erneut Bayerische Voralpen aufnehmen: die waldreichen Schlierseer Berge. Da erzählen uns die bayerischen Älpler und Bauern wieder ganz andere Geschichten und Alltagsprobleme. Dann folgt — wieder in Tirol — das mächtige Kalkriff des Gufferts im Rofangebirge, das von Ost nach West zum Achensee durchquert wird.

Der fünfte Abschnitt bringt uns von Pertisau ins Karwendelgebirge, wo uns die einmaligen Ahornböden und die riesigen Nordwände von Laliders be-

Oben: Mischabelgruppe in den Walliser Alpen von Südwesten (v. l.): Nadelhorn, Dom, Täschhorn, Alphubel, Allalinhorn.
Unten: Weißhorngruppe in den Walliser Alpen von Südosten (v. l.): Obergabelhorn, Zinalrothorn, Weißhorn, unten der Gornergletscher.

Längs durch die Alpen

Dent Blanche in den Walliser Alpen von Nordosten.

eindrucken. Ein ganz anderes Bild umgibt uns Tage später im Wettersteingebirge – der fast beängstigend wirkende Felsenzirkus des Oberreintals, wo wir meist nur Kletterern begegnen, um gleich darauf das bunte Treiben auf Deutschlands höchstem Berg zu erleben; auch das ist ein faszinierender Kontrast, der sich einen Tag später im Mieminger Gebirge wieder ganz anders gibt: stille Seen in einer hinreißend schönen Felslandschaft. Dann die Überschreitung des ungewöhnlichen Inselberges Tschiergant von Obsteig nach Imst, hoch überm Tiroler Inntal, um schließlich über die östlichen Lechtaler Alpen – das Parzinn – nach Landeck zu kommen.

Der sechste Abschnitt führt uns über Ischgl und die Silvrettagruppe ins Unterengadin, wo wir uns plötzlich in eine ganz andere Welt versetzt sehen – wir sind im Land der Rätoromanen, deren Sprache wir nicht verstehen. Die behäbigen Engadiner Häuser muten an wie Bauernpaläste, ob in Sent oder Scuol. Und die Waldgrenze reicht in diesem sonnigen Bergland bis auf 2200 Meter Höhe. Es folgt der Schweizer Nationalpark in den Münstertaler Alpen, wo seit gut fünfzig Jahren keine menschliche Hand mehr eingegriffen hat – eine Urnatur, wie man sie sonst nirgendwo mehr in den Alpen erleben kann. Gleich wechseln wir über Zernez und den Flüelapaß in die Albula-Alpen, wo uns geologisch ein verwirrendes Durcheinander

umgibt: Berge aus Gneis, Granit und Dolomitkalk.

Von Savognin kommen wir in die Oberhalbsteiner Alpen und ins Averser Tal mit seinen klassischen Walsersiedlungen, wo wieder deutsch gesprochen wird, auch in Vals, wo wir uns bereits in den Adula-Alpen befinden.

Im siebenten Abschnitt durchwandern wir im östlichen Teil der Lepontinischen Alpen wieder rätoromanisches Sprachgebiet, anschließend bis zum Simplonpaß italienisches, und ab Visperterminen im Wallis wieder deutsches – Visperterminen gilt als höchstes Weindorf Europas. Der Abschnitt wird in Les Hauderes im Val d'Hérens, wo die Walliser Französisch sprechen, beendet. Auf den folgenden Etappen bis nach Nizza werden wir unser Französisch bestimmt auffrischen können. Auch unser Wissen über die bezaubernden Berglandschaften der südlichen Westalpen, die ebenfalls mit ungeheuren Kontrasten aufwarten: da sehen wir aus nächster Nähe die Eisdome der Montblanc-

Das Matterhorn in den Walliser Alpen von Nordosten, rechts die Nordwand.

gruppe, die Granitklötze der wilden Dauphiné-Alpen, und schließlich wieder die sanfteren Erhebungen der Provence- und Meeralpen, wo die letzten Felsabbrüche buchstäblich in den Wogen des Mittelmeeres versinken.

Angaben über den genaueren Ablauf der Route längs durch die Alpen finden sich im Anhang.

159

Anhang

WOCHENENDTOUREN

1 Über den Hochkönig

Zeitaufwand: Wochenendtour, 11–12 Stunden.
Talort: Mühlbach (835 m) am Hochkönig-Südrand (München über Bischofshofen 195 km, Stuttgart 395 km).
Stützpunkt: Matras-Haus (2941 m) auf dem Hochkönig, ÖTK, 142 Lager und Betten, bewirtschaftet von März bis Oktober; Tel. 06467/7566
Karten: Wanderkarte Freytag-Berndt 1:100000 Blatt 10 »Berchtesgadener Alpen«; besser »Berchtesgadener Alpen« – Wanderkarte 1:50000 vom Bayer. Landesvermessungsamt München
Führer: AVF Berchtesgadener Alpen von Zeller-Schöner, Bergverlag Rother, München.
Beste Zeit: August bis Mitte Oktober.
Weitere Möglichkeiten: Besteigung des Hochseiler (2793 m); Bei Wettersturz auf dem Hochkönig sollte die Normalroute über die Mitterfeldalm zum Arthurhaus als Abstieg benützt werden, 2¹/2–3 Stunden.

2 Göll und Hagengebirge

Zeitaufwand: Wochenendtour, 11–12 Stunden.
Talort: Berchtesgaden (540 m, München 158 km, Stuttgart 482 km).

Stützpunkte: Purtscheller-Haus, 1692 m, DAV, 65 Betten und Lager, bewirtschaftet von Ende Mai bis Ende Oktober; von der Enzianhütte (Linienbus-Haltestelle) 1¹/2 Stunden; Tel. 08652/2420.
Karte: Wanderkarte »Berchtesgadener Alpen« 1:50000 vom Bayerischen Landesvermessungsamt München.
Führer: AVF Berchtesgadener Alpen von Zeller-Schöner, Bergverlag Rother, München.
Beste Zeit: Mitte Juli bis Ende Oktober, je nach Schneelage; wegen einiger steiler Schneerinnen sollten wenig erfahrene Begeher den Spätsommer bevorzugen.
Weitere Möglichkeiten: Man kann entlang des Grates noch einige zusätzliche Gipfel »mitnehmen«, z. B. Kleiner Archenkopf und Windschartenkopf, aber die lange Tour verlangt ohnehin, mit den Kräften hauszuhalten.

3 Rund um den Watzmann

Zeitaufwand: Wochenendtour, 9–10 Stunden.
Talort: Berchtesgaden-Königssee (595 m) am gleichnamigen See (München 158 km, Stuttgart 481 km); Bahnverbindung.
Stützpunkte: Kärlingerhaus, 1631 m, DAV, 233 Betten und Lager, bewirtschaftet von Pfingsten bis Mitte Oktober; von St. Bartholomä (Schiff von

Königssee) durch die Saugasse 4 Stunden; Tel. 08652/2995.
Karte: Wanderkarte »Berchtesgadener Alpen« 1:50000 vom Bayerischen Landesvermessungsamt München.
Führer: AVF Berchtesgadener Alpen von Zeller-Schöner, Bergverlag Rother, München.
Beste Zeit: Ende Juli bis Mitte Oktober.
Weitere Möglichkeiten: Eine Reihe leichter Besteigungen lohnender Aussichtsberge im Bereich von Kärlinger- und Ingolstädter Haus, ideal für ein verlängertes Wochenende.

4 Durchs Reitergebirge

Zeitaufwand: Wochenendtour, 8 Stunden.
Talorte: Reit (577 m) an der Saalach (München 150 km, Stuttgart 360 km); Hintersee (803 m, gleiche Entfernungen).
Stützpunkt: Neue Traunsteiner Hütte (Karl-Merkenschlager-Haus), 1560 m, DAV, 168 Betten und Lager, bewirtschaftet von Mitte März bis Ende Oktober; von Reit 3¹/2, von Hintersee 4–5, von Hintersee-Schwarzbachwacht 3–4 Stunden; Tel. 08651/1752
Karte: Wanderkarte »Berchtesgadener Alpen« 1:50000 vom Bayerischen Landesvermessungsamt München.
Führer: AVF Berchtesgadener Alpen von Zeller-Schöner, Bergverlag Rother, München.

Beste Zeit: Ende Juli bis Oktober; »allerbeste« Zeit ist Ende September.
Weitere Möglichkeiten: Von der Traunsteiner Hütte aus können lohnende Aussichtsberge bestiegen werden, u. a. Weitschartenkopf, Drei Brüder, Reiter Steinberge.

5 Aufs Birnhorn

Zeitaufwand: Wochenendtour, 9 Stunden.
Talort: Leogang (797 m) im Tal der Leoganger Ache, Salzburg (München 177 km, Stuttgart 400 km), Bahnlinie Innsbruck–Salzburg.
Stützpunkt: Passauer Hütte, 2033 m, DAV, 47 moderne Lager; bewirtschaftet von Mitte Juni bis Anfang Oktober; von Leogang 3–3¹/₂ Stunden; Information im Verkehrsbüro Leogang Tel. 0663/66702.
Karte: Österreichische Wanderkarte 1:50000, Blatt 123 Zell am See.
Führer: AVF Loferer und Leoganger Steinberge von Toni Dürnberger, Bergverlag Rother, München.
Beste Zeit: Juli bis Anfang Oktober; die Südflanke der Leoganger Steinberge sollte unbedingt schneefrei sein.
Weitere Möglichkeiten: Unschwierige Besteigungen von weiteren Gipfeln, z. B. Kuchelhorn, Metzhörndl u. a.

6 Kampenwand

Zeitaufwand: Wochenendtour, 4–5 Stunden.
Talort: Aschau (617 m) bei Frasdorf, Bahn bis Niederaschau (2 km), Busverbindungen (München 80 km, Stuttgart 303 km).
Stützpunkt: Steinlingalm, 1550 m, privat, 95 Betten und Lager, ganzjährig bewirtschaftet; von der Kampenwand-Bergstation (1560 m) 30 Minuten, von Aschau 2¹/₂ Stunden; Tel. 08052/2962.
Karte: Topographische Karte Bayern mit Wanderwegen 1:50000, Umgebungsblatt 7 »Chiemsee und Umgebung«.
Führer: AVF Chiemgauer Alpen von Helmuth Zebhauser, Bergverlag Rother, München.
Beste Zeit: Je nach Schneelage kann die Tour bereits Mitte Mai und bis Ende November unternommen werden.
Weitere Möglichkeiten: Man kann nach der Kampenwand gleich nördlich nach Bernau absteigen, 1¹/₂ Stunden; weitere lohnende Gipfelziele bieten sich nicht an.

7 Geigelstein

Zeitaufwand: Wochenendtour, 4–5 Stunden, kann auch als Tagestour ausgeführt werden.
Talort: Schleching (570 m) im Tal der Großen (Tiroler) Ache, Busverbindung vom Bahnhof Marquartstein, 8 km (München 101 km, Stuttgart 324 km).

Stützpunkte: Alpengasthof Breitenstein, 1100 m, privat, 30 Betten, ganzjährig bewirtschaftet; von Schleching-Ettenhausen 1 Stunde; Tel. 08649/1418. Priener Hütte, 1410 m, DAV, 140 Betten und Lager, ganzjährig bewirtschaftet; von Ettenhausen (Sessellift) 1¹/₂ Stunden; Tel. 08057/428.
Karte: Topographische Karte Bayern mit Wanderrouten 1:50000, Umgebungsblatt 7 »Chiemsee und Umgebung«.
Führer: AVF Chiemgauer Alpen von Helmuth Zebhauser, Bergverlag Rother, München.
Beste Zeit: Je nach Schneelage kann die Tour bereits Ende April oder Anfang Mai bis Ende November ausgeführt werden.
Weitere Möglichkeiten: Der sehr lohnende Aussichtsberg Breitenstein (1661 m) erfordert zusätzlich 1¹/₂ Stunden.

8 Wendelstein

Zeitaufwand: Wochenendtour, 5–6 Stunden.
Talort: Bayrischzell (800 m) im Ursprungtal, Bahnlinie von München–Holzkirchen (München 69 km, Stuttgart 296 km).
Stützpunkt: Einer der Alpengasthöfe an der Sudelfeldstraße. Tel. Kuramt Bayrischzell 08023/90760.
Karte: Topographische Karte Bayern mit Wanderrouten 1:50000, Umgebungskarte 12 »Mangfallgebirge«.

Anhang

Führer: AVF Tegernseer und Schlierseer Berge von W. und G. Zimmermann, Bergverlag Rother, München.
Beste Zeit: Je nach Schneelage von Mitte Mai bis Mitte November; ideal im Frühsommer und Spätherbst.
Weitere Möglichkeiten: Man kann die erwähnten Gipfel entlang des Weges mitbesteigen, aber nicht sehr lohnend.

9 Über den Zahmen Kaiser

Zeitaufwand: Wochenendtour, 11–12 Stunden, ohne Pyramidenspitze 7–8 Stunden.
Talort: Kufstein (499 m) am Inn, Schnellzugstation München–Innsbruck (München 91 km, Stuttgart 314 km).
Stützpunkt: Vorderkaiserfeldenhütte, 1384 m, am Petersköpfl, DAV, 93 Betten und Lager, ganzjährig bewirtschaftet; Tel. 05372/3482.
Karten: Alpenvereinskarte 1:25000 »Kaisergebirge« oder Österreichische Wanderkarte 1:50000, Blätter 90 »Kufstein« und 91 »St. Johann«.
Führer: AVF Kaisergebirge von Pit Schubert/Wolfgang Zeis, Bergverlag Rother, München.
Beste Zeit: Je nach Schneelage, von Anfang Mai bis Ende November, denn die Route verläuft vorwiegend südseitig.
Weitere Möglichkeiten: Gipfelbesteigungen keine; bei Wetterverschlechterung kann die Tour an mehreren Punkten unterbrochen werden, z. B. Abstieg ins Kaisertal und zurück nach Kufstein.

10 Ellmauer Halt

Zeitaufwand: Wochenendtour, 10–11 Stunden.
Talort: Kufstein (499 m) am Inn, Schnellzugstation München–Innsbruck (München 91 km, Stuttgart 314 km).
Stützpunkt: Anton-Karg-Haus, 831 m, in Hinterbärenbad (Kaisertal), ÖAV, 100 Betten und Lager, bewirtschaftet von Anfang Mai bis Mitte Oktober; 2$^{1}/_{2}$ Stunden von Kufstein; Tel. 05372/62578.
Karten: Alpenvereinskarte 1:25000 »Kaisergebirge« oder Österreichische Wanderkarte 1:50000, Blätter 90 »Kufstein« und 91 »St. Johann«.
Führer: AVF Kaisergebirge von Pit Schubert/Wolfgang Zeis, Bergverlag Rother, München.
Beste Zeit: September bis Mitte Oktober; auf der Kopftörl-Grat-Nordseite sollte kein Schnee sein.
Weitere Möglichkeiten: Keine leichten Gipfelbesteigungen möglich.

11 Steinerne Rinne

Zeitaufwand: Wochenendtour, 6–7 Stunden.
Talort: Griesenau (727 m) an der B 176 zwischen Kössen und St. Johann i. T. (München 111 km, Stuttgart 324 km);

Busverbindung von Kössen und St. Johann.
Stützpunkt: Stripsenjochhaus, 1580 m, auf dem Stripsenjoch, ÖAV, 180 Betten und Lager, bewirtschaftet von Anfang Mai bis Mitte Oktober, in der übrigen Zeit bewartet; von der Griesener Alm 1$^{1}/_{2}$ Stunden, von Kufstein durchs Kaisertal 4$^{1}/_{2}$ Stunden; Tel. 05372/62579.
Karten: Alpenvereinskarte 1:25000 »Kaisergebirge« oder Österreichische Wanderkarte 1:50000, Blätter 90 »Kufstein« und 91 »St. Johann«.
Führer: AVF Kaisergebirge von Pit Schubert/Wolfgang Zeis, Bergverlag Rother, München.
Weitere Möglichkeiten: Keine leichten Gipfel möglich.

12 Ackerlspitze

Zeitaufwand: Wochenendtour, 6–7 Stunden.
Talort: Going (770 m) an der B 312 zwischen Kufstein (21 km) und St. Johann i. T. (8 km), Busverbindungen (München 114 km, Stuttgart 337 km).
Stützpunkt: Ackerlhütte, 1446 m, am Südfuß der Ackerlspitze, ÖAV, 15 Lager, von Mai bis Oktober am Wochenende einfach bewirtschaftet (AV-Schlüssel); von Going 1$^{1}/_{2}$–2 Stunden.
Karten: Alpenvereinskarte 1:25000 »Kaisergebirge« oder Österreichische Wanderkarte 1:50000, Blätter 90 »Kufstein« und 91 »St. Johann«.

Führer: AVF Kaisergebirge von Pit Schubert/Wolfgang Zeis, Bergverlag Rother, München.
Beste Zeit: Ende August bis Mitte Oktober.
Weitere Möglichkeiten: Sehr lohnend ist die Besteigung der Maukspitze mit Überschreitung zur Ackerlspitze, 1–1¹/₂ Stunden Mehraufwand.

13 Rotwand-Taubenstein

Zeitaufwand: Wochenendtour, 8 Stunden.
Talort: Aurach (775 m) an der B 307 zwischen Schliersee und Bayrischzell (München 61 km, Stuttgart 288 km), Bahnverbindung von Holzkirchen.
Stützpunkt: Rotwandhaus, 1765 m, am Südfuß der Rotwand, DAV, 114 Betten und Lager, ganzjährig – außer November – bewirtschaftet; aus dem Ursprungtal 3¹/₂–4 Stunden; Tel. 08026/7683.
Karte: Bayerische Wanderkarte 1:50000 »Mangfallgebirge« vom Bayer. Landesvermessungsamt München.
Führer: AVF Tegernseer und Schlierseer Berge von Wolfgang und Gerlinde Zimmermann, Bergverlag Rother, München.
Beste Zeit: Mai und Juni, September und Oktober.
Weitere Möglichkeiten: Keine bedeutenden Gipfelbesteigungen; nach dem Taubenstein-Abstieg kann man mit Hilfe der Bergbahnen schnell ins Tal (Spitzingsee) gelangen.

14 Guffert

Zeitaufwand: Tagestour, 7 Stunden, bei Nächtigung in der Ludwig-Aschenbrenner-Hütte 8–9 Stunden.
Talort: Achental (920 m) bei Achenkirch (München 80 km, Stuttgart 304 km).
Stützpunkt: Entweder Steinberg, 1000 m (Gasthöfe und Pensionen); 13 km von Achental; oder Ludwig-Aschenbrenner-Hütte, 1465 m, DAV, 70 Betten und Lager, bewirtschaftet von Anfang Juni bis Ende Oktober; von der Achental-Steinberg-Straße 2¹/₂ Stunden. Tel. 0663/58558.
Karte: Österreichische Wanderkarte 1:50000, Blatt 88 »Achenkirch«.
Führer: AVF Rofangebirge von Rudolf Röder, Bergverlag Rother, München.
Beste Zeit: September–Oktober.
Weitere Möglichkeiten: Im Rahmen des Tourenablaufs keine, im Gebiet um Steinberg jedoch viele lohnende Wanderziele.

15 Unnütz

Zeitaufwand: Wochenendtour, 7–8 Stunden.
Talort: Maurach (975 m) am Achensee-Südende (München 97 km, Stuttgart 320 km).
Stützpunkt: Erfurter Hütte, 1831 m, bei der Rofanseilbahn-Bergstation, DAV, 76 Betten und Lager, bewirtschaftet von Mitte Mai bis Mitte Oktober; Tel. 05243/55175..
Karte: Kompaß-Wanderkarte 1:50000, Blatt 27 »Achensee-Rofangebirge«.
Führer: AVF Rofangebirge von Rudolf Röder, Bergverlag Rother, München.
Beste Zeit: Mitte September bis Ende Oktober, möglich aber auch schon ab Mitte Juni.
Weitere Möglichkeiten: Lohnend die Miteinbeziehung der Überschreitung von Hochriß (2299 m) und Streichkopf von der Erfurter Hütte aus, was zeitlich nur eine Stunde mehr kostet.

16 Auf Karwendelhöhen

Zeitaufwand: Wochenendtour, 11–12 Stunden.
Talort: Mittenwald (912 m) an der Isar (München 98 km, Stuttgart 295 km).
Stützpunkt: Hochlandhütte, 1623 m, am Nordrand der Nördlichen Karwendelkette, DAV, 35 Lager, einfach bewirtschaftet von Anfang Juni bis Anfang Oktober; von Mittenwald oder von der Karwendelseilbahn-Bergstation 2¹/₂ Stunden; Tel. 0161/2822271
Karte: Bayerische Wanderkarte 1:50000 »Karwendelgebirge« vom Landesvermessungsamt München.
Führer: AVF Karwendel von Heinrich Klier und Fritz März, Bergverlag Rother, München.

Anhang

Beste Zeit: September und Oktober, keinesfalls im Frühsommer.
Weitere Möglichkeiten: Angesichts der zeitlich ohnehin »satten« Tour, sollte man Fleißaufgaben tunlichst vermeiden; ideal und logisch wäre die Verbindung mit Route 17, weil das Karwendelhaus als Stützpunkt vom Bärnalpl in 1^1/$_2$ Stunden erreicht werden kann.

17 Schlauchkar-Birkkar

Zeitaufwand: Wochenendtour 12–13 Stunden, wobei aber 8 Stunden allein aufs Karwendel- und Hinterautal entfallen; für die eigentliche Bergtour also nur 4–5 Stunden.
Talort: Scharnitz (964 m) an der Isar (München 104 km, Stuttgart 301 km).
Stützpunkt: Karwendelhaus, 1765 m, beim Hochalmsattel, DAV, 195 Betten und Lager, bewirtschaftet von Pfingsten bis Mitte Oktober; von Scharnitz durchs Karwendeltal 5 Stunden (Fahrweg); Tel. 05213/5623.
Karte: Bayerische Wanderkarte 1:50000 »Karwendelgebirge« vom Landesvermessungsamt München.
Führer: AVF Karwendel von Heinrich Klier und Fritz März, Bergverlag Rother, München.
Beste Zeit: Mitte August bis Mitte Oktober, am schönsten und problemlosesten ist die Tour immer ab Mitte September.

Weitere Möglichkeiten: Bei nur einem Tag Mehraufwand kann die Birkkar-Tour an Route 16 angehängt werden; als zusätzlicher Gipfel bietet sich die Östliche Ödkarspitze (2738 m) an; vom Schlauchkarsattel 20–30 Minuten.

18 Karwendel-Gipfelweg

Zeitaufwand: Wochenendtour, 10 Stunden; am besten Nächtigung im Solsteinhaus (4–5 Stunden), wonach für den zweiten Teil nur noch 5 Stunden übrigbleiben.
Talort: Seefeld (1080 m) zwischen Karwendel, Wettersteingebirge und Mieminger Kette (München 112 km, Stuttgart 309 km), Bahnverbindung Innsbruck–Garmisch-Partenkirchen
Stützpunkte: Nördlinger Hütte, 2239 m, am Südfuß der Reither Spitze, DAV, 85 Betten und Lager, bewirtschaftet von Pfingsten bis Ende September; von Seefeld mit Bergbahnen 1 Stunde; Tel. 0663/57517; Solsteinhaus, 1805 m, am Westfuß des Großen Solsteins, ÖAV.
Karten: Alpenvereinskarte 1:25000 »Karwendelgebirge«, Westliches Blatt oder Österreichische Wanderkarte 1:50000, Blatt 117 »Zirl«.
Führer: AVF Karwendel von Heinrich Klier und Fritz März, Bergverlag Rother, München.
Beste Zeit: Juni und September–Oktober, im Hochsommer zu warm (durchgehend Südlage).

Weitere Möglichkeiten: Am ersten Tag kann zusätzlich die Seefelder Spitze (2221 m) von der Roßhütte (Standseilbahn-Bergstation 1747 m) in 1^1/$_2$ Stunden bestiegen werden; der sehr schöne Übergang zur Reither Spitze kostet nur 1 Stunde.

19 Lamsenspitze

Zeitaufwand: Wochenendtour, 9 Stunden.
Talort: Pertisau (952 m) am Westufer des Achensees (München 102 km, Stuttgart 325 km); Schmalspurbahn von Jenbach (Dampfbetrieb!).
Stützpunkt: Lamsenjochhütte, 1953 m, am Ostfuß der Lamsenspitze, DAV, 143 Betten und Lager, bewirtschaftet von Anfang Juni bis Anfang Oktober; von der Gramaialm im Falzturntal 2 Stunden; Tel. 05244/2063.
Karte: Österreichische Wanderkarte 1:50000, Blatt 119 »Schwaz«.
Führer: AVF Karwendel von Heinrich Klier und Fritz März, Bergverlag Rother, München.
Beste Zeit: September–Anfang Oktober.
Weitere Möglichkeiten: Wenn die Lamsenjochhütte schon am Vormittag erreicht wird, ist eine Besteigung des großartigen Aussichtsberges Hochnißl (2546 m) sehr lohnend; gesicherte Steiganlage, 3 Stunden von der Hütte.

20 Benediktenwand

Zeitaufwand: Tages- oder Wochenendtour, 5–6 Stunden.
Talort: Lenggries (697 m) südlich von Bad Tölz an der Isar (München 58 km, Stuttgart 281 km); Bahnverbindung von München.
Stützpunkt: Brauneck-Gipfelhaus, 1540 m, bei der Brauneckbahn-Bergstation, DAV, 68 Betten und Lager, ganzjährig bewirtschaftet; von Lenggries 2¹/₂ Stunden; Tel. 08042/ 8786).
Karte: Bayerische Wanderkarte 1:50000 »Bad Tölz – Lenggries und Umgebung« vom Landesvermessungsamt München.
Führer: AVF Benediktenwandgruppe von Wolfgang Zimmermann, Bergverlag Rother, München.
Beste Zeit: Mai–Juni, September–Oktober.
Weitere Möglichkeiten: Rückweg von der Tutzinger Hütte nach Lenggries über Neulandhütte–Längentalalm, mühsam 4–5 Stunden.

21 Estergebirge

Zeitaufwand: Wochenendtour, 8–9 Stunden.
Talort: Garmisch-Partenkirchen (707 m) am Nordrand des Wettersteingebirges (München 93 km, Stuttgart 277 km); Bahnverbindung München–Innsbruck.
Stützpunkt: Krottenkopfhaus (Weilheimer Hütte), 1955 m, am Nordwestfuß des Krottenkopfes, DAV, 95 Betten und Lager, bewirtschaftet von Mitte Mai bis Mitte Oktober; vom Wank 2³/₄ Stunden, von Oberau 3 Stunden; Tel. 0161/1821236.
Karte: Bayerische Wanderkarte 1:50000 »Werdenfelser Land« vom Landesvermessungsamt München.
Führer: AVF Benediktenwand-Gruppe, Estergebirge und Walchenseeberge von Wolfgang Zimmermann, Bergverlag Rother, München.
Beste Zeit: Mitte Mai bis Ende Juni und September–Oktober.
Weitere Möglichkeiten: Während des Hüttenaufstiegs kann die Überschreitung des Henneck-Kareck-Rißkopf-Grates bei einem Mehraufwand von einer guten Stunde einbezogen werden (schöner Aussichtsgrat). Hüttenberg und zugleich höchster Gipfel des Estergebirges ist der Krottenkopf (2086 m), der nur 20 Minuten kostet (bezeichneter Weg).

22 Durchs Höllental

Zeitaufwand: Wochenendtour, 7 Stunden, ist auch an einem Tag zu schaffen.
Talort: Garmisch-Partenkirchen (707 m) am Nordrand des Wettersteingebirges (München 93 km, Stuttgart 277 km); Bahnverbindung München–Innsbruck.
Stützpunkt: Höllentalangerhütte, 1379 m, am Südfuß der Waxensteine, DAV, 118 Betten und Lager, bewirtschaftet von Anfang Juni bis Mitte Oktober; von Hammersbach 2 Stunden, von der Alpspitz-Seilbahn-Bergstation 1¹/₂ Stunden; Tel. 08821/8811.
Karte: Bayerische Wanderkarte 1:50000 »Werdenfelser Land« vom Landesvermessungsamt München.
Führer: AVF Wetterstein und Mieminger Kette von Helmut Pfanzelt, Bergverlag Rother, München.
Beste Zeit: September–Oktober, keinesfalls im Frühsommer!
Weitere Möglichkeiten: Wenn der erste Tag voll zur Verfügung steht, ist die Überschreitung der Alpspitze von der Alpspitz-Seilbahn-Bergstation aus über den neuen Nordwand-Klettersteig (insgesamt 3 Stunden) sehr lohnend und interessant.

23 Felswildnis Oberreintal

Zeitaufwand: Wochenendtour, 8–10 Stunden.
Talort: Garmisch-Partenkirchen (707 m) am Nordrand des Wettersteingebirges (München 93 km, Stuttgart 277 km); Bahnverbindung München–Innsbruck.
Stützpunkt: Oberreintalhütte, 1525 m, im Oberreintal, DAV, 53 Lager, einfachst bewirtschaftet von Mai bis Oktober; von Garmisch-Partenkirchen 4¹/₂ Stunden; Tel. Hüttenwart im Tal 08821/74893.

Anhang

Karte: Bayerische Wanderkarte 1:50000 »Werdenfelser Land« vom Landesvermessungsamt München.
Führer: AVF Wetterstein und Mieminger Kette von Helmut Pfanzelt, Bergverlag Rother, München.
Beste Zeit: September–Oktober, wegen des Schnees aber auch schon im Juni möglich.
Weitere Möglichkeiten: Besteigung der Partenkirchner Dreitorspitze (Westgipfel, 2633 m) von der Meilerhütte auf dem Hermann-von-Barth-Weg in 2 Stunden, bezeichnet, Sicherungsanlagen (jedoch meist in schlechtem Zustand).

24 Aussichtsbalkon Kramer

Zeitaufwand: Tagestour, 6 Stunden (1250 Höhenmeter!).
Talort: Garmisch-Partenkirchen (707 m) am Nordrand des Wettersteingebirges (München 93 km, Stuttgart 277 km); Bahnverbindung München–Innsbruck.
Stützpunkt: Keine Nächtigungsmöglichkeit in Hütte.
Karte: Bayerische Wanderkarte 1:50000 »Werdenfelser Land« vom Vermessungsamt München.
Führer: AVF Ammergauer Alpen von Dieter Seibert, Bergverlag Rother, München.
Beste Zeit: Mai–Juni und September–Oktober; im Hochsommer zu heiß.

Weitere Möglichkeiten: Entlang der Route sind keine weiteren Gipfelbesteigungen möglich.

25 Mieminger Berge

Zeitaufwand: Wochenendtour, 6–7 Stunden.
Talort: Ehrwald (994 m) am Westfuß des Zugspitzmassivs (München 116 km, Stuttgart 250 km); Bahnverbindung Garmisch-Partenkirchen–Reutte–Pfronten.
Stützpunkt: Coburger Hütte, 1920 m, am Drachensee, DAV, 106 Betten und Lager, bewirtschaftet von Pfingsten bis Mitte Oktober; von der Ehrwalder Alm (Seilbahn) 2 Stunden, von Ehrwald über Hohen Gang 3 Stunden; Tel. 0663/55366.
Karte: Alpenvereinskarte 1:25000 »Wettersteingebirge« Westblatt.
Führer: AVF Wetterstein und Mieminger Kette von Helmut Pfanzelt, Bergverlag Rother, München.
Beste Zeit: August–September, denn in den Nordkaren liegt im Frühsommer zuviel Schnee.
Weitere Möglichkeiten: Die meisten Berge der Mieminger Kette sind relativ leicht ersteigbar, besonders lohnend sind Sonnenspitze und Grünstein.

26 Inselberg Tschirgant

Zeitaufwand: Tagestour, 6–7 Stunden für 1450 Höhenmeter im Auf- und Abstieg.
Talort: Karrösten (921 km) bei Imst im Inntal (München 155 km,

Stuttgart 290 km); Bahnverbindung Innsbruck–Bregenz–Zürich.
Stützpunkt: Keine Unterkunftshütte, nur Almen als einfache Gastbetriebe.
Karte: Freytag-Berndt-Wanderkarte 1:100000, Blatt 34 Wettersteingebirge.
Führer: AVF Wetterstein und Mieminger Kette von Helmut Pfanzelt, Bergverlag Rother, München.
Beste Zeit: Juni–Ende Oktober.
Weitere Möglichkeiten: Man könnte gegen Ende der Route noch die Besteigung des Simmering (2098 m) mit anhängen, was zusätzlich 1½ Stunden erfordert, hinsichtlich Aussicht aber nichts Zusätzliches bringt. Überdies kann das Unternehmen um eine gute Stunde verkürzt werden, wenn man von der Simmeringalm (1814 m) nördlich direkt nach Nassereith (884 m) absteigt.

27 Tannheimer Berge

Zeitaufwand: Wochenendtour, 11 Stunden.
Talort: Pfronten (850 m) an der Vils am Nordrand der Tannheimer Berge (München 122 km, Stuttgart 207 km); Bahnverbindung Kempten–Reutte.
Stützpunkt: Otto-Mayr-Hütte, 1530 m, im oberen Reintal, DAV, 80 Betten und Lager, bewirtschaftet von Anfang Mai bis Ende Oktober; von Musau 2½–3 Stunden, vom Füssener

Jöchl (Sessellift von Grän)
1 Stunde; Tel. 05677/8457.
Karte: Bayerische Wanderkarte
1:50000 »Füssen und Umgebung« vom Landesvermessungsamt München.
Führer: AVF Allgäuer Alpen von Ernst Zettler und Heinz Groth, Bergverlag Rother, München.
Beste Zeit: Juni, September–Oktober.
Weitere Möglichkeiten: Lohnende und leichte Gipfelbesteigungen sind am Gimpel (2176 m) und an der Kellespitze (2247 m, Hauptgipfel der Tannheimer Berge) geboten.

28 Bernhardseck-Runde

Zeitaufwand: Wochenendtour, 6–7 Stunden.
Talort: Elbigenalp (1098 m) im oberen Lechtal (München über Plansee–Reutte 150 km, Stuttgart–Arlberg 255 km); von München schneller erreichbar als Oberstdorf (166 km)!
Stützpunkt: Berggasthaus Bernhardseck, 1802 m (Hüttenbetrieb), privat, 22 Betten, bewirtschaftet von Ende Mai bis Mitte Oktober; von Elbigenalp 1¹/₂–2 Stunden; Information über Verkehrsverein Tel. 05634/6270.
Karte: Bayerische Wanderkarte 1:50000 »Allgäuer Alpen« vom Landesvermessungsamt München.
Führer: AVF Allgäuer Alpen von Ernst Zettler und Heinz Groth, Bergverlag Rother, München.
Beste Zeit: Juli–Oktober.

Weitere Möglichkeiten: Vom Gumpensattel aus kann die Rothornspitze (2392 m) als lohnender Aussichtsberg in 20 Minuten ohne Schwierigkeiten erstiegen werden.

29 Parzinn

Zeitaufwand: Wochenendtour, 10–11 Stunden.
Talort: Boden (1357 m) im oberen Bschlaber Tal (München–Reutte 155 km, Stuttgart–Imst 290 km).
Stützpunkte: Hanauer Hütte, 1920 m, im obersten Angerletal, DAV, 144 Betten und Lager, bewirtschaftet von Mitte Juni bis Ende September; von Boden 2 Stunden; Tel. 0663/56771; oder Steinseehütte, 2061 m, im Steinkar, ÖAV, 103 Betten und Lager, bewirtschaftet von Ende Juni bis Ende September; von der Hanauer Hütte über Gufelseejöchl 3–3¹/₂ Stunden, von Zams-Starkenbachtal 2¹/₂–3 Stunden; Tel. 0663/57593.
Karten: Zur Übersicht Freytag-Berndt-Wanderkarte 1:100000, Blatt 35 »Lechtaler und Allgäuer Alpen«; Österreichische Wanderkarte 1:50000, Blätter 115 »Reutte« und 145 »Imst«.
Führer: AVF Lechtaler Alpen von Heinz Groth, Bergverlag Rother, München.
Beste Zeit: August–Anfang Oktober.
Weitere Möglichkeiten: Fortsetzung der Tour nördlich zur Muttekopf-Hütte, wobei der leichte Muttekopf (2777 m) be-

stiegen werden kann, und weiter über Scharnitzsattel und Hahntennjoch zur Anhalter Hütte.

30 In den Engadiner Dolomiten

Zeitaufwand: Wochenendtour, 10 Stunden.
Talort: Bad Scuol (1240 m) im Unterengadin (München 222 km, Stuttgart 362 km; Endstation der Rhätischen Bahn von Chur).
Stützpunkt: Lischana-Hütte, 2500 m, SAC, 30 Lager; von Ende Juni bis Mitte Oktober ständig bewirtschaftet, während der übrigen Zeit geöffnet; von Bad Scuol 3 Stunden; Tel. 081/8649544.
Karten: Landeskarte der Schweiz 1:50000, Blatt 249 Tarasp oder Wanderkarte Unterengadin 1:50000.
Führer: SAC Unterengadin; Schweizer Wanderbuch 4 Unterengadin, Kümmerly & Frey Bern.
Beste Zeit: Anfang Juli bis Ende Oktober.
Weitere Möglichkeiten: Das ganze Unterengadin ist ein einzigartiges Wanderparadies; Besuch des nahen Schweizer Nationalparks oder Begehung des Panorama-Höhenweges Unterengadin (Wochentour 9).

Anhang

1 Hoch über den Dachstein

Zeitaufwand: Mit An- und Abreise 6 Tage.
Talort: Gröbming (776 m) im Ennstal (München 230 km, Stuttgart 460 km); Bahnverbindung Salzburg–Bischofshofen–Wien–Graz.
Stützpunkte: Brünner Hütte, 1737 m, privat, AV-Ermäßigung, 42 Betten und Lager; Tel. 03685/2656; Guttenberghaus, 2137 m, ÖAV, 86 Betten und Lager; Tel. 03687/2 27 53; Simonyhütte, 2203 m, ÖAV, 126 Betten und Lager; Tel. 03622/5 23 22; Adamekhütte, 2196 m, ÖAV, 101 Betten und Lager; Tel. 06136/85 67; Hofpürglhütte, 1705 m, ÖAV, 154 Betten und Lager; Tel. 06453/304; von Pfingsten bis Mitte oder Ende Oktober bewirtschaftet.
Karten: Zur Übersicht Freytag-Berndt-Wanderkarte 1:100 000, Blatt 28 »Dachstein und Salzkammergutseen«; Alpenvereinskarte 1:25 000 »Dachsteingebirge«.
Führer: AVF Dachsteingebirge von Willi End, Bergverlag Rother, München.
Beste Zeit: August–September, keinesfalls vor Mitte Juli!
Weitere Möglichkeiten: Entlang der Route sind, wenn zusätzliche Tage zur Verfügung stehen, mehrere leichte Gipfelbesteigungen geboten, z. B. Sinabell (2340 m), Hoher Gjadstein (2794 m) u. a.

2 Lechtaler Berge

Zeitaufwand: Mit An- und Abreise 6–7 Tage.
Talorte: Landeck (775 m) am Inn (München 160 km, Stuttgart 300 km), Bahnlinie Innsbruck–Bregenz; Zürs (1717 m) am Arlberg, 13 km von der Schnellzugstation Langen am Arlberg.
Stützpunkte: Stuttgarter Hütte, 2319 m, DAV, 69 Betten und Lager; Tel. 05583/2030; Leutkircher Hütte, 2261 m, DAV, 70 Betten und Lager; Tel. 05448/207; Kaiserjoch-Haus, 2310 m, DAV, 70 Betten und Lager; Tel. 05672/34 07; Ansbacher Hütte, 2376 m, DAV, 104 Betten und Lager; Tel. 0663/5 42 82; Augsburger Hütte, 2289 m, DAV, 77 Betten und Lager; Tel. 05442/6 36 04; alle Hütten sind durchschnittlich von Mitte Juni bis Mitte September bewirtschaftet (vorherige Erkundigung ist jedoch ratsam).
Karte: Freytag-Berndt-Wanderkarte 1:50 000, Blatt 372 »Arlberggebiet – Paznaun – Verwallgruppe«.
Führer: AVF Lechtaler Alpen von Heinz Groth, Bergverlag Rother, München.
Beste Zeit: August–September; gefährliche Altschneereste sind oft auch noch im Spätsommer genug vorhanden!
Weitere Möglichkeiten: Die Route kann ideal in die östlichen Lechtaler Alpen verlängert werden: Memminger Hütte – Württemberger Haus – Hanauer Hütte – Muttekopf- und Anhalter Hütte, verbunden mit einigen Gipfelbesteigungen (6–7 Tage).

3 Klostertaler Alpen

Zeitaufwand: Mit An- und Abreisetag 6 Tage.
Talorte: Bludenz (600 m) an der Bahnlinie Wien–Zürich (München–Arlbergtunnel 210 km, Stuttgart 270 km); nach Langen 25 km, Zug–Lech 44 km.
Stützpunkte: Ravensburger Hütte, 1948 m, DAV, 115 Betten und Lager; Tel. 05585/556; Freiburger Hütte, 1931 m, DAV, 160 Betten und Lager; Tel. 05556/7 35 40; Frassenhütte, 1721 m, ÖAV, 64 Betten und Lager; Tel. 0663/51089; die Hütten sind von Mitte Juni bis Mitte Oktober voll bewirtschaftet.
Karte: Freytag-Berndt-Wanderkarte 1:50 000, Blätter 372 »Arlberg – Paznaun – Verwall« und 371 »Bludenz – Klostertal – Montafon«.
Führer: AVF Lechquellengebirge von Walther Flaig, Bergverlag Rother, München.
Beste Zeit: Mitte Juni–Mitte oder Ende September.
Weitere Möglichkeiten: In den Bereichen der Ravensburger und Freiburger Hütte können viele lohnende (leichte) Gipfelbesteigungen unternommen werden, u. a. Roggalspitze, Plattnitzerjochspitze, Fensterlewand, Roggelskopf.

4 Verwall

Zeitaufwand: Sieben Tage mit täglich 2–3, 3, 6, 6, 6, 3–4, 7 und 4–5 Stunden.
Talort: Kappl (1258 m) im Paznauntal (München 180 km, Stuttgart–Arlbergtunnel 300 km); Postbus von Landeck (19 km).
Stützpunkte: Niederelbehütte, 2300 m, DAV, 103 Betten und Lager; Tel. 0663/57542; Darmstädter Hütte, 2426 m, DAV, 61 Betten und Lager; Tel. 05446/3130; Konstanzer Hütte, 1765 m, DAV, 104 Betten und Lager; Tel, 0663/55889; Reutlinger Hütte, 2395 m, DAV, 24 Lager (Selbstversorger-Hütte, nur mit Alpenvereins-schlüssel zugänglich); Kristbergsattelhaus, 1443 m, privat, 25 Betten, Seilbahn von Silbertal; Tel. 05556/2290; mit Ausnahme der Reutlinger Hütte sind alle AV-Hütten von Anfang Juli bis Ende September voll bewirtschaftet, das Kristbergsattelhaus ganzjährig.
Karten: Freytag-Berndt-Wanderkarten 1:50000, Blätter 371 »Bludenz – Klostertal – Montafon« und 372 »Arlberg – Paznaun – Verwallgruppe«.
Führer: AVF Verwall-Gruppe von Franz Malcher, Bergverlag Rother, München.
Beste Zeit: August–September.
Weitere Möglichkeiten: Bei zusätzlicher Zeit können viele weitere, leichte Gipfelbesteigungen unternommen werden.

5 Durch den Rätikon

Zeitaufwand: 7 Tage (ohne An- und Abreise).
Talort: Bludenz (600 m) an der Bahnlinie Innsbruck–Zürich/Lindau (München–Arlbergtunnel 210 km, Stuttgart 270 km); zum eigentlichen Ausgangsort Gargellen (1423 m) mit Montafonerbahn nach Schruns (11 km) und mit Bus nach Gargellen (13 km).
Stützpunkte: Tilisunahütte, 2208 m, ÖAV, 152 Betten und Lager; Tel. 05556/75185; Lindauer Hütte, 1744 m, DAV, 160 Betten und Lager; Tel. 05556/72057; Carschinahütte, 2221 m, SAC, 56 Lager (einfach bewirtet); Schesaplanahütte, 1908 m, privat, 81 Betten und Lager; Tel. 081/52 11 63; Totalphütte, 2385 m, ÖAV, 100 Betten und Lager; Tel. 0663/51432; Heinrich-Hueter-Hütte, 1766 m, ÖAV,. 122 Betten und Lager; Tel. 0556/76570; alle Hütten von Pfingsten bis Anfang Oktober geöffnet
Karte: Freytag-Berndt-Wanderkarte 1:50000, Blatt 371 »Bludenz – Klostertal – Montafon«.
Führer: AVF Rätikon von Günther und Walther Flaig, Bergverlag Rother, München.
Beste Zeit: August–September; vorher sind nordseitig gefährliche Altschneefelder.
Weitere Möglichkeiten: Die Tour kann mit zahlreichen anderen leichten, lohnenden Gipfelbesteigungen verlängert werden, u.a. Weißplatte (2630 m), Geißspitze (2334 m), Drusenfluh (2827 m).

6 Brenta

Zeitaufwand: Mit An- und Abreisetag sieben Tage (6 Wandertage).
Talort: Madonna di Campiglio (1522 m) am Westrand der Brentagruppe (München 340 km, Stuttgart 520 km); Busverbindung nach Trento.
Stützpunkte: Tuckett-Hütte, 2268 m, CAI, 68 Betten und Lager; Tel. 0465/41226; Alimonta-Hütte, 2580 m, privat, 72 Betten; Tel. 0465/41178; Tosa-Hütte, 2442 m, CAI, 80 Betten und Lager; Agostini-Hütte, 2410 m, privat, 47 Betten und Lager; Tel. 0465/74138; XII-Apostel-Hütte, 2489 m, CAI, 30 Betten und Lager; Brentei-Hütte, 2182 m, CAI, 110 Betten und Lager; Tel. 0465/41278; alle Brenta-Hütten sind vom 20. Juni bis 20. September voll bewirtschaftet.
Karten: Zur Übersicht Freytag-Berndt-Wanderkarte 1:100000, Blatt 50 Brenta – Adamello – Presanella und Kompaß-Wanderkarte 1:30000, Blatt 565 »Dolomiti di Brenta«.
Führer: »Der Bocchette-Weg« von G. Strobele; für schwierige Gipfelbesteigungen »Brentagruppe« von Horst Wels, beide Bergverlag Rother, München.
Weitere Möglichkeiten: Ganz besonders lohnend und landschaftlich reizvoll ist die Begehung des »Sentiero Osvaldo Orsi« von der Tosahütte (1 Stunde von der Brentei-Hütte) entlang der Brenta-Ostabdachung in die Bocca di

Anhang

Tuckett (3 1/2–4 Stunden), weil man dabei zum Beispiel den Campanile Basso (Guglia di Brenta) von seiner imposantesten Seite bewundern kann.

7 Dolomiten

Zeitaufwand: Sieben Tage, ohne An- und Abreise.
Talort: Belluno (389 m) am Südrand der Schiaragruppe (München 370 km, Stuttgart 560 km); mit Bus zum eigentlichen Ausgangsort Listolade (33 km) im Cordevoletal.
Stützpunkte: Vazzoler-Hütte, 1714 m, CAI, 75 Betten und Lager; Tel. 04 37/6 21 63; Tissi-Hütte, 2250 m, CAI, 40 Betten und Lager, Tel. 04 37/72 33 77; Carestiato-Hütte, 1843 m, CAI, 40 Betten und Lager; Tel. 04 37/6 29 49; Pramper-Hütte, 1800 m, privat, 30 Betten und Lager; Alpini-Hütte, 1498 m, CAI, 65 Betten und Lager; alle Hütten sind von Mitte Juni bis Ende September bewirtschaftet.
Karten: Als Übersicht Freytag-Berndt-Wanderkarte 1:100 000, Blatt 17 »Östliche Dolomiten«, und Kompaß-Wanderkarte 1:50 000, Blatt 77 »Alpi Bellunesi«.
Führer: Dolomiten-Höhenwege 1–3 von Franz Hauleitner und Dolomiten-Klettersteige von Hilde Frass, Bergverlag Rother, München.
Beste Zeit: August bis Mitte September.
Weitere Möglichkeiten: Entlang der Route sind einige zu-

sätzliche leichte Gipfelbesteigungen geboten, z. B. Monte Moiazza (2868 m), Cima di Pramper (2410 m), Monte Pelf (2504 m); man kann die Tour aber auch nur als zweiten Teil der gesamten »Alta Via Dolomiti 1« vom Pustertal nach Belluno betrachten.

8 Einsames Graubünden

Zeitaufwand: Sieben Tage mit täglich 3 1/2, 5–6, 4, 4–5 und 3 1/2 Stunden.
Talort: Eigentlicher Ausgangsort ist Bivio (1769 m) westlich des Julierpasses (München 310 km, Stuttgart 360 km), aber wir lassen das Fahrzeug am besten in Silvaplana, von wo Bivio (16 km) im Bus schnell erreicht wird, ebenso Silvaplana von Vicosoprano am Ende der Tour (23 km).
Stützpunkte: Fornohütte, 2574 m, östlich oberhalb des Fornogletschers, 100 Lager (Tel. 0 82/4 31 82), 4 Stunden von Maloja; Albignahütte, 2330 m, östlich oberhalb des Albignastausees, 60 Lager (Tel. 0 82/4 14 05), 45 Minuten von der Albignastaumauer (Seilbahn); Sciorahütte, 2117 m, 50 Lager (Tel. 0 82/4 11 38), 3 1/2 Stunden von Bondo; Sasc-Furä-Hütte, 1904 m, auf dem Ausläuferrücken der Piz-Badile-Nordkante, 40 Lager (Tel. 0 82/4 12 52), 3 1/2 Stunden von Bondo. Alles SAC-Hütten, die von Mitte Juli bis Mitte September einfach bewirtschaftet (bewartet) sind.

Karten: Kümmerly + Frey (Bern)-Wanderkarte 1:50 000 »Oberengadin – Bernina – Oberhalbstein« und für den Bereich Bergell Landeskarte der Schweiz 1:25 000, Blatt 1296 »Sciora«.
Führer: Kümmerly + Frey (Bern) – Wanderbücher 3 »Oberengadin« und 29 »Bergell« sowie Führer durch das Bergell von Paul Nigg, Bergverlag Rother, München.
Beste Zeit: Mitte Juli bis Mitte September.
Weitere Möglichkeiten: Zahlreiche andere Wanderrouten sind in den beiden erwähnten Wanderbüchern beschrieben; andere leichte Gipfel nur im Bereich des Averstales.

9 Panorama-Höhenweg Unterengadin

Zeitaufwand: Sechs Tage mit täglich 3–4 Gehstunden.
Talorte: Bad Scuol, 1240 m (München 220 km, Stuttgart 350 km); Verkehrsverein Tel. 081/8 64 94 94; Ftan, 1633 m, 6 km von Scuol; Verkehrsverein Tel. 081/8 64 05 57; Guarda, 1653 m, 18 km von Scuol; Verkehrsbüro, Tel. 081/8 62 23 42; Lavin, 1412 m, 19 km von Scuol; Verkehrsverein Tel. 081/8 62 27 82; Sent, 1430 m, 6 km von Scuol; Verkehrsverein Tel. 081/8 64 15 44; Tschlin, 1533 m, 15 km von Scuol (kein Verkehrsbüro). Die Talorte sind hier zugleich »Stützpunkte«.

Karte: Kümmerly + Frey-Wanderkarte 1:50 000, Blatt »Unterengadin – Samnaun – Nationalpark – Val Müstair« (Ausgabe 1980).

Führer: Sehr detaillierte Beschreibung mit geschichtlichen und kunsthistorischen Hinweisen in dem Buch »Allegra – Unterengadin im Sommer und Winter« von Toni Hiebeler, Verlag Josef Berg, München.

Beste Zeit: Ende Mai – Mitte Juli, September – Ende Oktober (bei schönem Herbst bis Ende November möglich).

Weitere Möglichkeiten: Viele leichte Wanderungen – jedoch nicht Panorama-Höhenweg – sind im Kümmerly + Frey-Wanderbuch Unterengadin beschrieben. Man kann den Panorama-Höhenweg zeitlich auch mit der Wochentour 30 (»In den Engadiner Dolomiten«) kombinieren.

Längs durch die Alpen

Eine der drei großen Längs-durch-die Alpen-Möglichkeiten könnte sich auf dieser Route vollziehen (jeder Abschnitt kann – gutes Wetter vorausgesetzt – in zwei Wochen bewältigt werden).

1. Auf verschiedenen Wegen mit zahlreichen Hütten von Wiener Neustadt durch die Gutensteiner Alpen nach Seewiesen (Seebergsattel) am Ostrand der Hochschwabgruppe.

2. Seewiesen, Hochschwabgruppe: Voisthaler Hütte/Sonnscheinhütte/Leobener Hütte – Präbichl – Gstatterboden (Bahn)/ Haindlkarhütte – Peternscharte – Heßhütte/Johnsbach, Ennstaler Alpen – Mödlinger Hütte/ Admonter Reichenstein – Oberst-Klinke-Hütte/Kaiserau – Admont/Weng – Grabneralm – Admonter Haus/Haller-Mauern-Überschreitung – Hofalm/Spital am Pyhrn, Totes Gebirge: Linzer Haus/Warscheneck – Liezener Hütte/Linzer-Tauplitzhaus – Tauplitz.

3. Von Gröbming, Dachsteingebirge: Wochentour 1 »Hoch über den Dachstein« bis Hofpürglhütte (5 Tage)/Theodor-Körner-Haus – Annaberg/Tennengebirge: Gwechenberghütte – Laufener Hütte/Dr.-Heinrich-Hackel-Hütte – Bleikogel – Werfen/Berchtesgadener Alpen: Werfen – Dielalm – Ostpreußenhütte/Hochkönig (Matrashaus)/ Riemannhaus/Ingolstädter Haus – Großer Hundstod – Wimbachgrieshütte – Ramsau (Wochenendtour 3 »Rund um den Watzmann«)/Hintersee (Bus) – Traunsteiner Hütte (Wochenendtour 4 »Reitergebirge«)/ Reith.

4. Unken bei Reith, Chiemgauer Alpen: Traunsteiner Skihütte/ Straubinger Haus/Kössen – Kaisergebirge: Griesenau – Griesner Alm (Bus) – Stripsenjochhaus/Hinterbärenbad – Kaisertal – Kufstein (Wochenendtouren 9 und 10)/Kufstein – Oberaudorf (Bahn), Schlierseer Berge (Bayerische Voralpen) – Brünnsteinhaus/Bayrischzell/ Sillberghaus – Rotwandhaus (Wochenendtour 13)/Rotwand – Elendsattel – Valepp – Erzherzog-Johann-Klause/Rofangebirge: Ludwig-Aschenbrenner-Hütte/Guffert – Steinberg (Wochenendtour 14)/Steinberg – Bayreuther Hütte/Sonnwendjoch – Erfurter Hütte – Maurach (Seilbahn).

5. Pertisau am Achensee, Karwendelgebirge: Gramaialm (Bus) – Lamsenjochhütte (Wochenendtour 19)/Eng – Falkenhütte/Kleiner Ahornboden – Karwendelhaus/Schlauchkar – Birkkarspitze – Hinterautal – Scharnitz (Wochenendtour 17)/ Scharnitz – Leutasch (Bus), Wettersteingebirge: Meilerhütte (Wochenendtour 23)/Schachen – Oberreintalhütte – Reintal – Knorrhütte/Zugspitze – Ehrwald (Seilbahn)/Ehrwalder Alm (Seilbahn) – Mieminger Gebirge: Coburger Hütte (Wochenendtour 25) – Grünsteinscharte – Obersteig/Tschirgant-Überschreitung (Wochenendtour 26 in umgekehrter Richtung) – Imst/Lechtaler Alpen: Muttekopfhütte/Kübelwände – Galtseitejoch – Hanauer Hütte (Wochenendtour 29)/Gufelseejöchl – Bittrichscharte – Württemberger Haus/Großbergkopf – Seescharte – Memminger Hütte/ Parseierspitze – Augsburger Hütte – Landeck (Wochenendtour 2).

6. Ischgl im Paznauntal, Silvrettagruppe: Heidelberger Hütte/ Fourcla Davo Lais – Zuort – Sent – Bad Scuol (Engadin, Schweiz)/Münstertaler Alpen, Schweizer Nationalpark: Val

Anhang

Scharl (Bus) – Val Minger – Il Foss – Fourcla dal Botsch – Il Fuorn/Zernez – Flüelastraße (Bus), Albula-Alpen: Grialetschhütte/Scalettapaß – Keschhütte/ Chants – Bergün/Elahütte/Paß d'Ela – Savognin/Oberhalbsteiner Alpen: Paß da Surcrunas – Außerferara/Splügen – Nufenen (Bus), Adula-Alpen: Valser-Berg – Vals.

7. Vrin im Val Lumnezia, Lepontinische Alpen: Paß Diesrut – Terri-Hütte/Greinapaß – Camp (Blénio)/Passo di Gana Negra – Lukmanierpaß/Passo dell'Uomo – Lago Ritom – Piota/Passo Sassella – Cristallina-Hütte/ Christallinapaß – Bosodinohütte/Valle-Maggia-Scharte – Rifugio Toggia/Ponte (Bus) – Lago Vannino – Scatt-Minoia-Paß – Alpe Forno/Albrunpaß – Binn/Saflischpaß – Simplonstraße – Simplonpaß (Bus)/Walliser Alpen: Bistinenpaß – Nanztal – Visperterminen/Staldenried – Stalden – Embd/Augstbordpaß – Gruben (Turtmanntal)/ Fuorcletta – Ayer – Zinal (Bus)/ Mountethütte/Col du Pigne – Moiryhütte/Col de la Couronne – Les Haudères (Val d'Hérens).

8. Anreise Val d'Hérens – Arolla – Dix-Hütte/Lac des Dix – Fenêtre d'Allèves – Val de Nendaz/ Col du Mont Gelé – Mont-Fort-Hütte/Lourtier – Le Tseppi – Oujets-de-Mille-Paß – Liddes/ Vichères – La-Tessuregrat – La Fouly/Montblancgruppe: Grand Col Ferret – Val Ferret (Italien) – Entrèves/Turinerhütte – Aig. du Midi – Chamonix (Montblanc-Seilbahn). Die

zweite Hälfte von Abschnitt 8. sowie die gesamten Abschnitte 9. und 10. vollziehen sich auf dem GR5 (GR = Grande Randonnée = Große Wanderroute), der von Luxemburg zum Genfer See und Montblanc führt und ab Chamonix durch die Dauphiné- und Provence-Alpen über folgende Punkte nach Nizza führt: Col de Voza – Les Contamine – Col Bresson – Bellentre – Val d'Isère – Col de la Vanoise – Pralognan – Col de Chavière – Modane – Col de la Vallèe Etroite – Col de Dormillouse – Briancon – Col de Fromage – Col Girardin – Fouillouse – Larche – Auron – Col de Mulines – Isola – Pointe d'Ingolf – Mont Tournairet – Utelle – Nizza. Für fast alle Gebiete, durch die unsere Route führt, sind Karten und Führer ausreichend vorhanden. Auch die Führer für die Europäischen Fernwanderwege, die sich auf einige der genannten Wegabschnitte beziehen, sind hilfreich. Natürlich ist hier nur eine Möglichkeit der Alpen-Längsdurchquerung aufgeführt. Mindestens zwei weitere Routen lassen sich entlang der Alpen-Nordabdachung zusammenstellen, zwei andere über den Zentralalpenkamm und nochmals zwei entlang der Alpen-Südabdachung. Und die Alpen-Durchquerungen von Norden nach Süden sind – wenn auch weniger lang – nicht weniger interessant und reizvoll.

Ich hüte mich, alle Möglichkeiten detailliert aufzuzeigen,

denn gerade das Austüfteln, Planen einer großen Wanderroute hat für die meisten Bergfreunde einen ungeheueren Reiz.

Register

Register

Fotonachweis: Bavaria-Verlag, Gauting (12, 13, 16, 18, 19, 22, 24, 25, 27, 28, 31, 45, 46, 49, 66, 67, 69, 70, 79, 99, 103); Wenzel Fischer, Partenkirchen (73); Werner Friedli, Zürich (102); Toni Hiebeler, München (9, 21, 31, 33, 34, 35, 37, 39, 40, 42, 43, 47, 51, 54, 55, 57, 60, 63, 64, 71, 75, 78, 81, 82, 84, 87, 88, 89, 91, 93, 96, 97, 106, 107, 108, 109, 110, 113, 114, 115, 116, 117, 120, 121, 123, 124, 125, 126, 127, 128, 130, 131, 132, 133, 135, 137, 138, 139, 141, 142, 143, 144, 145, 148, 149, 150, 151, 154, 155, 156, 157, 158, 159)

Wochentouren